Reema Sandhu

SEGURANÇA NAS REDES ADHOC VEICULARES

Reema Sandhu

SEGURANÇA NAS REDES ADHOC VEICULARES

VANETs

ScienciaScripts

Imprint

Any brand names and product names mentioned in this book are subject to trademark, brand or patent protection and are trademarks or registered trademarks of their respective holders. The use of brand names, product names, common names, trade names, product descriptions etc. even without a particular marking in this work is in no way to be construed to mean that such names may be regarded as unrestricted in respect of trademark and brand protection legislation and could thus be used by anyone.

Cover image: www.ingimage.com

This book is a translation from the original published under ISBN 978-620-7-65448-2.

Publisher:
Sciencia Scripts
is a trademark of
Dodo Books Indian Ocean Ltd. and OmniScriptum S.R.L publishing group

120 High Road, East Finchley, London, N2 9ED, United Kingdom
Str. Armeneasca 28/1, office 1, Chisinau MD-2012, Republic of Moldova, Europe
Printed at: see last page
ISBN: 978-620-7-77103-5

Dr. Reema Sandhu
Professor assistente (Informática)
Colégio Governamental PG Naraingarh (Ambala)

SEGURANÇA NAS REDES ADHOC VEICULARES

ÍNDICE DE CONTEÚDOS

PREFÁCIO

Neste livro, as VANETs são explicadas à luz da segurança das redes. Os diferentes ataques e as soluções propostas são destacados juntamente com o conceito de criptografia. Além disso, os utilizadores são informados dos diferentes esquemas de autenticação e dos desafios que se colocam na sua aplicação.

No primeiro capítulo, é explicada a introdução das VANETs e a sua arquitetura. É explicada a diferença entre as MANET e as VANET. As diferentes características das VANET e os requisitos de autenticação nas VANET são explicados com um resumo no final do capítulo.

No segundo capítulo, são explicados os diferentes tipos de ataques à autenticação, à privacidade, à confidencialidade e ao não-repúdio. São propostas diferentes soluções para os ataques de autenticação e de preservação da privacidade que podem ajudar a combatê-los.

No terceiro capítulo, é explicada a utilização da criptografia na segurança das VANET. São explicados os diferentes métodos de criptografia e os seus tipos. Inclui também diferentes algoritmos criptográficos e as suas vantagens e desvantagens.

O quarto capítulo inclui diferentes técnicas de autenticação utilizadas nas VANET, nomeadamente esquemas baseados em assinaturas e esquemas criptográficos, incluindo assinaturas baseadas em grupos. As deficiências dos esquemas existentes são consideradas juntamente com a introdução de um esquema de autenticação de chaves sem certificado.

O quinto capítulo explora o esquema de autenticação de chaves sem certificado e o trabalho relacionado com o CL-AS realizado até à data. Inclui também os preliminares utilizados no esquema, o conceito de Criptografia de Curva Elíptica, etc.

O último e sexto capítulo inclui as aplicações e o âmbito futuro das VANET.

CAPÍTULO-1

VANETS

1.1 INTRODUÇÃO

As VANETS são um tipo de rede ad hoc móvel (MANET) com rotas rodoviárias, cujo objetivo é garantir a segurança do tráfego, melhorar o fluxo de tráfego e melhorar a experiência de condução. Não necessitam de qualquer infraestrutura para a transmissão de dados. São diferentes das MANET, na medida em que os nós se deslocam a uma velocidade mais rápida para as mudanças de topologia. São altamente dinâmicas, fiáveis e oferecem múltiplos serviços, mas com acesso limitado à infraestrutura de rede. As VANET podem ser definidas como uma componente inteligente do sistema de transportes, uma vez que os veículos são capazes de comunicar entre si e com as estações de base situadas nos pontos críticos da estrada. As redes ad hoc veiculares (VANET) estão a ganhar popularidade no domínio das tecnologias sem fios e de comunicação porque fornecem serviços de segurança e de precaução aos condutores e aos passageiros nas estradas enquanto viajam. Estes serviços dividem-se nas categorias de aplicações de segurança e aplicações não relacionadas com a segurança. A segurança e a proteção são os objectivos mais importantes das VANET, uma vez que reduzem os acidentes, podem melhorar as condições de tráfego e até salvar vidas na estrada. As redes adhoc veiculares são redes de múltiplos saltos constituídas por veículos em movimento que comunicam entre si e não dispõem de qualquer infraestrutura fixa. Trata-se de uma tecnologia sem fios, pelo que é vulnerável a vários ataques que podem induzir em erro as operações da rede. Por conseguinte, a segurança é o maior desafio das VANET. O principal objetivo das VANET é aumentar a segurança nas ruas através da utilização de comunicações sem fios. Para atingir estes objectivos, os veículos funcionam como sensores e avisam-se mutuamente sobre condições anómalas e potencialmente arriscadas, como acidentes, engarrafamentos e engarrafamentos. As VANET desempenham um papel importante na condução segura, na navegação inteligente e em aplicações de emergência e de entretenimento. Dependem das autoridades de transportes para registar e gerir as unidades de estrada (RSU) e as unidades de bordo (OBU). Uma OBU é instalada em cada veículo como um transmissor para comunicar com outros veículos na estrada, enquanto as RSUs são instaladas ao longo da rua com dispositivos de rede. As RSUs são utilizadas para comunicar com a infraestrutura e contêm dispositivos de rede para comunicações dedicadas de curto alcance (DSRC). Na VANET, o nó pode ser um veículo ou as unidades de beira de estrada (RSU). Podem comunicar entre si, permitindo a ligação remota a uma gama específica. Além disso, está também a surgir uma vasta gama de aplicações nas VANET. As aplicações incluem segurança para tornar a condução segura e serviços móveis e outras informações que notificarão os condutores sobre qualquer tipo de bloqueio, ameaças, acidentes e bloqueios de trânsito Os sistemas veiculares parecem-se intensamente com sistemas especialmente concebidos devido à sua topologia em rápida evolução. Assim, as VANET exigem convenções de direção seguras. Várias aplicações são especiais para a configuração do utilizador. Estas aplicações incluem necessidades de segurança que devem tornar o condutor seguro, comércio ad-hoc, benefícios na estrada para ter condutores mais instruídos sobre os bloqueios de tráfego, organizações também com administrações nessa região. Por conseguinte, é necessário um método que garanta a distribuição segura das mensagens, reduzindo o custo de comunicação e o consumo de memória das mensagens enviadas como comunicação entre utilizadores. Este objetivo pode ser alcançado utilizando sistemas de criptografia de chave pública baseados em certificados, criptografia de chave pública sem certificados e cifragem de sinais sem certificados. As VANET estão a tornar-se populares na tecnologia de comunicação móvel e sem fios nos dias que correm, pois são um dos esquemas mais robustos na implementação do sistema de transporte inteligente (ITS). Desde 1980, as infra-estruturas das VANET estão a crescer abruptamente, em que os veículos comunicam entre si utilizando meios sem fios. A ideia principal é produzir uma comunicação eficaz entre os veículos da rede. Os veículos são basicamente conhecidos como nós de uma rede que precisam de adquirir informações sobre outros nós para poderem comunicar com eles e tomar decisões com base em todas as informações recolhidas através da utilização de sensores, câmaras, receptores do sistema de posicionamento global (GPS) e antenas omnidireccionais. Atualmente, as VANET estão a ser utilizadas para melhorar a segurança do tráfego, gerir o fluxo de tráfego e reduzir o congestionamento, bem como para orientar os condutores. As VANETs são compostas por várias unidades, como OBUs, RSUs e TA. As RSU são as unidades que, nas estradas, alojam uma aplicação que é utilizada para comunicar com outros dispositivos de rede a elas ligados. O OBU é montado em cada veículo e é utilizado para recolher as informações úteis de outros veículos, como a velocidade, a aceleração, o combustível, etc. Estas informações são depois transmitidas aos veículos vizinhos através de redes sem fios. O AT é o principal componente responsável pela manutenção da comunicação entre as VANET [2]. Existem diferentes tipos de comunicação entre veículos nas VANET, que podem ser classificados em V2V, V2I, V2X e V2P. V2V significa comunicação veículo-veículo, na qual um nó pode transmitir informações importantes, como a utilização de travões de emergência, a deteção de colisões e as condições de tráfego. O meio de transmissão em V2V é caracterizado por uma elevada taxa de transmissão e uma latência curta. Na comunicação V2I (veículo para infraestrutura), há transmissão de informações importantes entre os veículos e as infra-estruturas da rede. O veículo em V2I desenvolve uma ligação com as RSUs para trocar informações com as outras redes. As comunicações V2I requerem uma largura de banda maior do que as comunicações V2V, devido à comunicação dos veículos com a infraestrutura, mas são menos vulneráveis a ataques do que as comunicações V2V. As comunicações V2X desempenham um papel importante na gestão dos sistemas de transporte inteligentes, melhorando a gestão do tráfego, a segurança do tráfego e as experiências de condução, fornecendo informações em tempo real e altamente fiáveis, como a deteção de colisões, informações sobre obstáculos na estrada, congestionamento do tráfego, condições de emergência, etc. [3].

1.2 ARQUITECTURA DOS FURGÕES

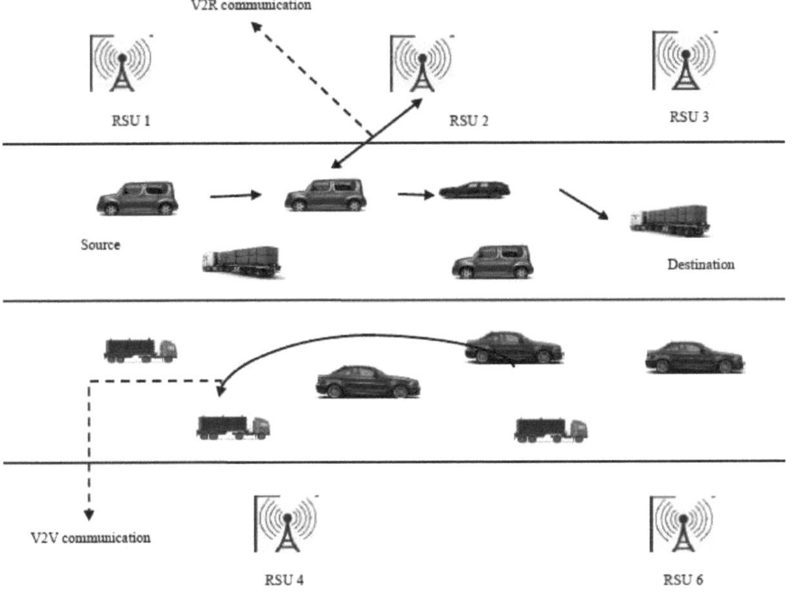

1.3 DIFERENÇAS ENTRE VANETS e MANETS

As VANET são uma espécie de redes móveis ad hoc (MANET) com algumas diferenças. Nas MANET, a limitação de energia é um dos desafios mais importantes em aspectos como o encaminhamento, a fusão, etc., ao passo que nas VANET, há uma utilização de uma enorme bateria transportada pelo veículo, pelo que o consumo de energia não é um grande problema. Nas MANET, os nós movem-se de forma aleatória, ao passo que nas VANET, a mobilidade dos nós é elevada, uma vez que os nós tendem a mover-se de forma organizada. Ambas têm capacidade de auto-organização e carecem de infra-estruturas. As VANET têm grande mobilidade e volatilidade, o que as torna mais vulneráveis aos ataques internos e externos à rede do que as MANET. A segurança nas VANETS divide-se em diferentes domínios, como a disponibilidade, a confidencialidade, a autenticidade, a integridade dos dados e o não-repúdio. A violação da segurança cria dificuldades na criação de sistemas seguros e na manutenção da privacidade e da confiança [4].

1.4 CARACTERÍSTICAS DOS FURGÕES

As características especiais das VANETs são resumidas a seguir: -

i) **Alterações frequentes da topologia:** Os nós nas VANETs deslocam-se na estrada a alta velocidade, tornando o ambiente altamente dinâmico. Devido à alta velocidade dos nós, há uma mudança contínua na topologia, as ligações de comunicação entre os nós veiculares podem ser estabelecidas apenas de forma temporária, tornando-as vulneráveis a ataques [2].

ii) **Padrões de mobilidade elevados:** Devido às frequentes mudanças de topologia, os veículos seguem um determinado padrão de mobilidade. Vários factores restringem o movimento dos veículos na estrada, como a estrutura das estradas, os semáforos, as restrições de velocidade, as condições de tráfego e o padrão de condução dos condutores dos veículos vizinhos [3].

iii) **Comunicação sem fios:** A ligação dos nós e a comunicação de dados entre os nós são efectuadas através de um meio sem fios. Por conseguinte, é importante desenvolver uma comunicação fiável durante a transmissão de dados [4].

iv) **Localização:** Cada veículo nas VANET está equipado com um sistema de posicionamento global que é utilizado para detetar com precisão a sua localização. A utilização do GPS oferece uma gama potencial de aplicações baseadas na localização em VANETs [3].

v) **Requisitos de baixa latência:** As VANET exigem baixa latência, uma vez que as aplicações são extremamente sensíveis ao tempo, pois o principal objetivo das VANET é aumentar a segurança rodoviária e a assistência ao condutor [3].

vi) **Ambiente de comunicação:** A eficiência da comunicação nas VANETs depende do ambiente de comunicação. Um deles é constituído por auto-estradas onde os veículos circulam a diferentes velocidades unidireccionalmente e o outro é constituído por zonas urbanas onde o movimento dos veículos é limitado por determinados factores que tornam a comunicação mais complexa [4].

vii) **Energia ilimitada:** A utilização de baterias em veículos fornece uma energia ilimitada, uma vez que a bateria tem uma fonte de alimentação infinita, o que é importante para a realização de todas as tarefas de computação no ambiente VANETs [2].

viii) **Volatilidade:** Como o meio de comunicação é sem fios, as ligações entre dois nós desenvolvem-se normalmente devido aos seus elevados padrões de mobilidade. Devido a este facto, é possível que a ligação entre os veículos se perca ou permaneça ativa a uma pequena distância, o que torna difícil garantir a segurança pessoal nas VANETs [4].

1.5 REQUISITOS DE AUTENTICAÇÃO

Nas VANET, a autenticação pode ser efectuada ao nível do nó, a que se chama autenticação do nó, e, em segundo lugar, ao nível da mensagem, a que se chama autenticação da mensagem. É importante verificar a mensagem para melhorar o sistema de segurança das VANET, de modo a garantir a segurança das comunicações nas VANET. Alguns dos requisitos de autenticação que devem ser satisfeitos são os seguintes [3].

1. **Despesas gerais de computação e comunicação**: O número de operações criptográficas efectuadas por um veículo ou por uma autoridade de confiança para verificar um pedido de autenticação deve ser minimizado.

2. **Utilização da largura de banda:** A largura de banda deve ser utilizada corretamente em bytes por segundo (bps) para tratar um pedido de autenticação, como a troca de chaves secretas criptográficas e credenciais.

3. **Escalabilidade:** O processo de autenticação é escalável e pode lidar com múltiplas operações de rede e comunicações.

4. **Tempo de resposta:** O tempo de resposta de um mecanismo de autenticação deve ser reduzido.

5. **Autenticação potente:** Os esquemas de autenticação devem ter uma boa capacidade para impedir os ataques às VANET.

RESUMO

As VANET são consideradas uma área de investigação mais importante e promissora num sistema de transportes inteligente devido às suas características únicas. Por conseguinte, a segurança e a privacidade nas VANETS são consideradas uma questão crítica. O principal objetivo das VANET é garantir a segurança dos seres humanos nas estradas através da difusão de mensagens de segurança entre os veículos. Mas estas mensagens de segurança são transmitidas num ambiente aberto, o que torna as VANET mais vulneráveis a ataques. Por conseguinte, é necessário desenvolver um esquema de segurança sofisticado e robusto para fazer face aos ataques à segurança e à privacidade. Além disso, o sistema de segurança deve ser melhorado através de esquemas de autenticação robustos para garantir a segurança das comunicações nas VANET. É necessário um sistema de autenticação eficiente para garantir a privacidade e a segurança dos dados entre V2V e V2I e também proteger a privacidade da identificação e da localização dos veículos.

CAPÍTULO-2

ATAQUES À SEGURANÇA EM VANETS E SOLUÇÕES PROPOSTAS

2.1 INTRODUÇÃO

A comunicação sem fios segura é um desafio significativo nas VANET, tendo um grande impacto nas aplicações das redes veiculares. De facto, a segurança das comunicações e a privacidade da localização são preocupações importantes para a aceitação dos serviços VANET. A eficácia e a fiabilidade da difusão de mensagens de segurança nas VANET suscitam preocupações quanto à privacidade da localização e à autenticidade dos dados. Na privacidade da localização, há diferentes objectivos para o emissor e o recetor das mensagens. O objetivo do recetor é assegurar uma autenticação forte da mensagem, ao passo que, do lado do emissor, o objetivo é proporcionar uma privacidade forte da localização. As VANET estão também expostas a uma vasta gama de ataques. Apresentam muitas derivas em termos de tecnologia, regras e refúgio, que devem ser objeto de mais investigação. As VANET transformam cada parte dos veículos num comutador ou nó remoto, deixando uma distância de 100 a 300 metros entre si para estabelecer uma interface, criando assim uma rede de grande alcance.

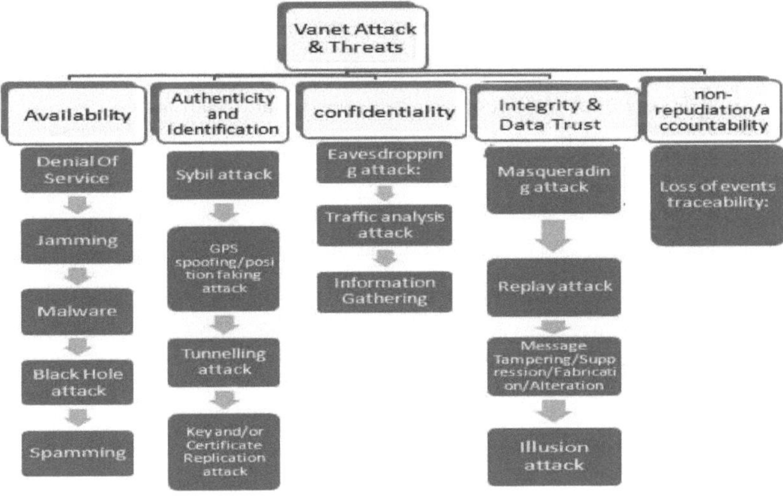

Figura 1

11

2.2 AMEAÇAS E ATAQUES DE VANETS

2.2.1 Ataques à disponibilidade

A disponibilidade em VANET significa qualquer informação em qualquer altura da comunicação. Este requisito de segurança é fundamental num ambiente com variações temporais. A disponibilidade em VANET deve ser assegurada tanto no canal de comunicação como nos nós participantes. A classificação destes ataques, de acordo com o seu objetivo, é a seguinte

2.2.1.1 Ataque de buraco negro

Este é um dos ataques de segurança que ocorrem na VANET. Neste ataque, o nó atacante recusa-se a participar ou deixa cair o pacote de dados. Por conseguinte, o efeito deste tipo de ataque é muito perigoso para a rede veicular.

2.2.1.2 Malware

O malware é um software malicioso cujo objetivo é perturbar o funcionamento normal. Este ataque é efectuado por alguém que está dentro da rede. Este ataque é introduzido na rede quando a atualização do software é recebida pelas unidades VANET do automóvel e pela estação de beira de estrada.

2.2.1.3 Violação da radiodifusão

Neste tipo de ataque, os atacantes introduzem falsas mensagens de segurança na rede. Esta mensagem esconde, por vezes, os avisos de trânsito. Isto conduz a situações críticas como acidentes e congestionamentos rodoviários.

2.2.1.4 Spamming

As mensagens de spam são mensagens que não têm qualquer utilidade para os utilizadores, como os anúncios. O objetivo deste tipo de ataque é consumir largura de banda e aumentar a latência da transmissão. Devido à falta de administração centralizada, o controlo deste tipo de ataque é difícil.

2.2.1.5 Condutores gananciosos

Os condutores gananciosos são aqueles que tentam atacar para seu próprio benefício. Estes condutores causam problemas de sobrecarga na RSU. Isto leva a atrasos no serviço para os utilizadores autorizados. Com o aumento do número destes condutores, os utilizadores autorizados enfrentam serviços lentos.

2.2.1.6 Negação de serviço

A negação de serviço (DOS) é um dos ataques de nível mais grave na rede veicular. No ataque DOS, o atacante bloqueia o principal meio de comunicação e a rede deixa de estar disponível para os utilizadores legítimos. O principal objetivo do atacante DOS é impedir os utilizadores autênticos de acederem aos serviços da rede. O ataque DOS também provoca ataques como o DDOS (Distributed Denial Of Service), que é um dos ataques mais graves no ambiente veicular. O objetivo deste ataque é tornar a rede mais lenta. O Jamming é também um dos tipos de ataque DOS que obstrui o canal, não permitindo assim que outros utilizadores acedam aos serviços de rede

2.2.2 Ataques à autenticação/identificação

Nestes tipos de ataque, a área afetada é a identificação/autenticação. Sempre que um veículo na VANET necessita de uma comunicação segura, o seu requisito básico é a identificação ou a autenticação dos nós em causa. Quando o veículo recetor é identificado ou autenticado, só um veículo transmissor de confiança pode comunicar entre eles. Os diferentes tipos de ataque à autenticação/identificação são analisados a seguir.

2.2.2.1 Mascaramento

Este ataque resulta do facto de um atacante fornecer identidades falsas durante a comunicação. O mascaramento envolve a fabricação, a alteração e a repetição de mensagens. Por exemplo, para abrandar a velocidade de outro veículo, um atacante tenta fazer-se passar por veículo de emergência e, assim, defraudar outro veículo.

2.2.2.2 Ataque de repetição

Este ataque ocorre quando um atacante repete a transmissão de informações anteriores para tirar partido da situação da mensagem no momento do envio.

2.2.2.3 Falsificação do Sistema de Posicionamento Global (GPS)

A posição exacta na Terra pode ser facilmente conhecida por todos os veículos através da utilização do GPS. Neste ataque, um atacante fornece informações falsas a outros veículos, produzindo leituras falsas nos dispositivos GPS. Para tal, o atacante utiliza simuladores de GPS que geram sinais mais fortes do que os gerados por um satélite genuíno.

2.2.2.4 Tunelamento

Este ataque ocorre quando um atacante liga duas partes distantes da rede Adhoc utilizando um canal de comunicação extra como túnel. Como resultado, dois nós distantes assumem que são vizinhos e enviam dados utilizando o túnel. O atacante tem a possibilidade de efetuar uma análise do tráfego ou um ataque de reencaminhamento seletivo.

2.2.2.5 Ataque Sybil

Neste ataque, um atacante finge ter múltiplas identidades. Um atacante pode comportar-se como se fosse um grande número de nós, simplesmente alegando identidades múltiplas falsas. O atacante ilude os outros veículos enviando algumas mensagens erradas, como a mensagem de engarrafamento. O objetivo é obrigar os outros veículos na estrada a abandoná-la em benefício do atacante.

2.2.2.6 Adulteração de mensagens

Neste ataque, as mensagens de segurança do tráfego, valiosas ou mesmo críticas, podem ser manipuladas. O atacante modifica, elimina ou corrompe as mensagens.

2.2.2.7 Divulgação de ID

Neste tipo de ataque, a identificação dos nós visados é revelada para que se possa saber a localização atual desse nó. Um observador global monitoriza os nós-alvo e, a dada altura, envia uma mensagem maliciosa aos vizinhos dos nós-alvo. Estes dados de localização são utilizados para outros fins, como as empresas de aluguer de automóveis para localizar os seus próprios automóveis.

2.2.3 Ataques à confidencialidade

A confidencialidade é um dos requisitos de segurança mais importantes na comunicação veicular, pois garante que a mensagem só será lida pelas partes autorizadas. Este tipo de requisito de segurança está geralmente presente nas comunicações de grupo, em que apenas os membros do grupo estão autorizados a ler a informação. As restantes configurações da VANET transmitem informação pública. Dado que a mobilidade da VANET é superior à da MANET, o encaminhamento com capacidade de garantir a segurança na VANET é mais problemático do que o adhoc. A confidencialidade das mensagens trocadas entre os nós de uma rede veicular é particularmente vulnerável a técnicas como a recolha ilegal de mensagens através de escutas e a recolha de informações de localização disponíveis através da transmissão de mensagens de difusão. No caso das escutas, o atacante pode recolher informações sobre os utilizadores existentes sem a sua autorização e utilizar essas informações numa altura em que o utilizador não tem conhecimento da recolha. A privacidade e o anonimato da localização são questões importantes para os utilizadores de veículos.

2.2.4 Ataques à privacidade

Este tipo de ataque está relacionado com o acesso não autorizado a informações importantes sobre os veículos. Existe uma relação direta entre o condutor e o veículo. Se os atacantes acederem ilegalmente a alguns dados, isso afecta diretamente a privacidade do condutor. Normalmente, o proprietário de um veículo é também o seu condutor, pelo que, se um atacante obtiver a identidade do proprietário, o veículo pode pôr indiretamente em risco a sua privacidade; este tipo de ataque à privacidade é designado por revelação de identidade. O controlo da localização é também um dos ataques à privacidade bem conhecidos. Neste ataque, a localização do veículo ou o caminho seguido por esse veículo num determinado período de tempo é considerado um dado pessoal.

2.2.5 Ataques à não-repudiação

Quando dois ou mais utilizadores partilham a mesma chave, ocorre o não repúdio. Deste modo, os dois utilizadores não se distinguem um do outro, pelo que as suas acções podem ser repudiadas. Uma chave idêntica em veículos diferentes deve ser evitada utilizando um armazenamento fiável

2.2.6 Ataques à confiança nos dados

A confiança nos dados pode ser comprometida pelo simples cálculo incorreto dos dados e pelo envio de mensagens afectadas, o que pode ser feito através da manipulação dos sensores no veículo ou da alteração das informações enviadas. Isto afecta a fiabilidade de todo o sistema. Por conseguinte, é necessário desenvolver mecanismos de proteção contra este tipo de ataques nas redes veiculares.

2.3 Soluções propostas para ataques de autenticação e preservação da privacidade

2.3.1 Módulo de hardware fiável

Inclui capacidades criptográficas, nomeadamente encriptação assimétrica (ECC) e simétrica, geração de números aleatórios e função hash. Recebe as mensagens do expedidor de mensagens e devolve a mensagem cifrada com a força de segurança e a velocidade desejadas. O módulo ECC também gera assinaturas para as mensagens juntamente com a função hash. A entidade de grupo é constituída por um líder de grupo, normalmente a RSU, e por membros do grupo que são unidades veiculares nas proximidades. O líder gera chaves de sessão secretas únicas e distribui aos seus membros utilizando o esquema ECC assimétrico. Neste contexto, os veículos na rede formam grupos de confiança que utilizam um esquema simétrico para a segurança das mensagens, preservando simultaneamente a força de segurança dos esquemas assimétricos.

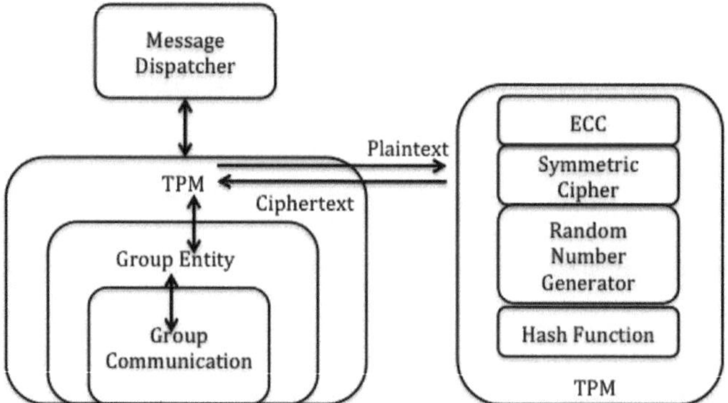

Fig. 1

2.3.2 Deteção de posição

Os ataques típicos baseados na posição incluem: deixar cair pacotes, inserir pacotes falsos e reproduzir pacotes. propõem um novo esquema de deteção de posição para evitar ataques baseados na posição. Estas aplicações requerem normalmente a utilização de todos os dispositivos de deteção de posição disponíveis, tais como emissores-receptores de rádio e câmaras. O modelo de veículo proposto inclui dados de dispositivos oculares, dados de dispositivos auriculares e veículos próximos (direção oposta). Um veículo transmite regularmente a sua informação de posição e recebe essa informação dos seus vizinhos. Ao receber a informação posicional de um veículo próximo, se a linha de visão não estiver bloqueada, o recetor verificará a exatidão da informação com os seus próprios dados observados do dispositivo ocular e do dispositivo auditivo. Se a linha de visão estiver bloqueada, o recetor solicitará ainda os dados do dispositivo ocular e do dispositivo auricular do veículo emissor sobre a sua própria posição e verificará com a sua própria informação de velocidade e localização. Se for encontrada alguma discrepância durante estas verificações cruzadas, o veículo emissor pode ser marcado como suspeito e não fiável. Esta lista negra é efectuada localmente, pelo que a sua aplicação é eficiente. Para além da segurança posicional local, a segurança posicional global pode ser obtida através da recolha de listas negras locais numa base de dados centralizada e da difusão periódica da lista negra regional para os veículos que circulam nessa região. Outra forma mencionada para alcançar a segurança posicional num âmbito mais alargado é a troca de listas negras entre veículos nas proximidades de uma forma adhoc. Os investigadores efectuaram simulações para investigar a contribuição dos dispositivos oculares e auditivos e, como resultado principal, quanto mais tipos de dispositivos de deteção forem utilizados, mais precisa e segura será a deteção e o intercâmbio de informações posicionais, à custa de um maior consumo de energia e de despesas gerais de computação e comunicação.

2.3.3 Sistema de segurança baseado em ID para a privacidade do utilizador

Sun propõe um sistema de segurança baseado na identidade para VANET que pode resolver eficazmente os conflitos entre a privacidade e a capacidade de processamento. O sistema utiliza um esquema baseado em pseudónimos para preservar a privacidade do utilizador. Utiliza um esquema baseado em assinaturas de limiar para permitir a tractibilidade para as autoridades policiais. A parte integrante do sistema é o esquema de defesa de preservação da privacidade que utiliza o limiar de autenticação. Qualquer autenticação adicional para além do limiar indicará um comportamento incorreto e resultará na revogação das credenciais do utilizador. Além disso, o esquema utiliza um acumulador dinâmico para o limiar de autenticação que impõe restrições adicionais para além do limiar a outros utilizadores em comunicação. Isto é particularmente atrativo para os fornecedores de serviços, uma vez que podem obter uma melhor eficiência dos seus serviços.

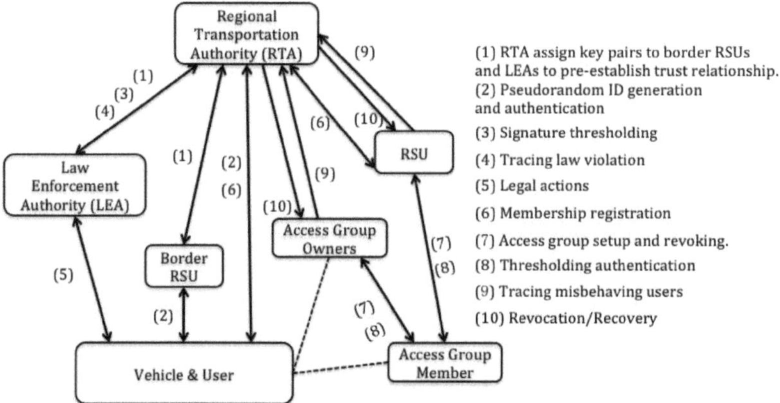

Fig. 2

CAPÍTULO-3

CRIPTOGRAFIA EM VANETS

3.1 INTRODUÇÃO

No mundo atual, as redes ad-hoc veiculares (VANET) estão a ganhar popularidade, uma vez que as estatísticas de acidentes estão a aumentar. Nestes casos, as VANET oferecem muitas aplicações de segurança para salvar a vida das pessoas enquanto conduzem na estrada. Também reduz os acidentes e os danos causados aos veículos, condutores e passageiros. As VANET também poupam tempo, fornecendo informações sobre as condições de tráfego numa estrada movimentada. Mas, por outro lado, há algumas questões de segurança relacionadas com a segurança dos condutores, que incluem a privacidade da localização e a preservação da informação sobre a identidade na rede. Para evitar diferentes ataques e também para preservar a privacidade dos condutores, muitos protocolos necessitam de uma infraestrutura para uma distribuição eficaz de chaves, revogação e proteção de mensagens confidenciais utilizando vários métodos baseados na criptografia. Alguns mecanismos de segurança utilizados para cifrar e autenticar as mensagens V2V e V2I implicam um custo excessivo de computação e comunicação. Por conseguinte, para aumentar a viabilidade e melhorar o desempenho de vários protocolos baseados em criptografia, é necessário investigar diferentes métodos baseados em criptografia. Além disso, devido à elevada mobilidade dos nós na rede, é necessário um método criptográfico adequado que necessite de um tempo de processamento muito reduzido, com um comprimento de chave pequeno, um comprimento de mensagem criado pequeno e um nível de segurança aceitável durante o tempo de vida de uma chave. A encriptação de informações confidenciais é um marco importante alcançado nas VANET para reduzir os acidentes e, consequentemente, melhorar as condições de tráfego para salvar vidas. Por conseguinte, a segurança da informação só pode ser alcançada através da sua cifragem. É necessário um mecanismo de autenticação que permita confiar tanto no utilizador como na informação com base em protocolos criptográficos. Os sistemas de autenticação dividem-se em três classes: baseados na assinatura, baseados na verificação e baseados na cifragem. Na autenticação baseada na verificação, o veículo começa por enviar as suas informações de identidade para a RSU, que são posteriormente verificadas utilizando a CA. Após a verificação pela CA, a RSU verifica o próprio veículo sempre que este comunica com a mesma RSU ou dentro da sua área de cobertura. Na assinatura digital, a mensagem é primeiro encriptada utilizando a sua chave privada e é desencriptada utilizando a chave pública do remetente no lado do recetor. Todo este processo garante a manutenção da integridade da mensagem. Nos certificados digitais, o remetente envia o seu certificado ao destinatário, que o reencaminha para a autoridade de certificação, que utiliza a chave pública para verificar as assinaturas do remetente. As assinaturas digitais e os certificados digitais dependem ambos da chave pública e são computacionalmente iguais. Os sistemas de cifragem são classificados em duas classes, nomeadamente a cifragem reversível e a cifragem irreversível. A cifragem reversível refere-se à recuperação do texto original a partir do texto cifrado (texto cifrado) quando este é decifrado. Já a cifragem irreversível refere-se à impossibilidade de recuperar o texto original do texto cifrado (texto cifrado). A criptografia e a cifragem são os dois principais componentes de segurança utilizados para manter a segurança dos dados nas comunicações veiculares. É necessário selecionar um algoritmo criptográfico adequado para as VANET. A criptografia está relacionada com o processo de conversão de texto simples em texto incompreensível e vice-versa. É um método de armazenamento e transmissão de dados numa forma específica, de modo a que só os destinatários pretendidos os possam ler e processar. Não só protege os dados contra roubo ou alteração, como também pode ser utilizado para autenticação do utilizador. O processo é apresentado na figura 1, em que o texto simples é encriptado no remetente e depois desencriptado pelo destinatário utilizando chaves.

3.1.1 ENCRIPTAÇÃO

A encriptação da informação é uma conquista crucial para as VANET, a fim de reduzir os acidentes e, consequentemente, melhorar as condições de tráfego para salvar vidas. A segurança só é garantida quando a informação é encriptada. A comunicação sem fios é omnipresente devido à sua flexibilidade para se adaptar a diferentes cenários. Assim, o conceito de autenticação permite confiar tanto no utilizador como na informação, pelo que, para aumentar a viabilidade e melhorar o desempenho dos protocolos baseados na criptografia, é necessário investigar o funcionamento de diferentes métodos baseados na criptografia. Na hierarquia dos sistemas de autenticação, os sistemas de autenticação dividem-se em três classes, designadas por sistemas baseados na assinatura, na verificação e na encriptação. Na autenticação baseada na verificação, o veículo começa por enviar as suas credenciais à RSU, que são verificadas utilizando a CA. Após a verificação da CA, a RSU verifica o próprio veículo sempre que este comunica com a mesma RSU ou dentro da sua área de cobertura. Na assinatura digital, a mensagem é encriptada utilizando a sua chave privada. No lado do recetor, esta mensagem é desencriptada utilizando a chave pública do remetente. Este processo garante que a mensagem veio do remetente original e que a mensagem permaneceu inalterada. No caso de um certificado digital, o emissor envia o seu certificado ao recetor. Ao receber o certificado, o destinatário reencaminha-o para a autoridade de certificação, que utiliza a chave pública para verificar a assinatura e, por conseguinte, o remetente é verificado. Tanto as assinaturas digitais como os certificados digitais dependem da chave pública, pelo que, tecnicamente, são computacionalmente iguais. Existe uma relação de sobreposição entre o certificado digital e as assinaturas digitais. Na hierarquia dos sistemas de cifragem, os sistemas de cifragem são classificados em duas classes: cifragem reversível e cifragem irreversível. O termo cifragem reversível refere-se à recuperação do texto original a partir do texto cifrado (texto cifrado) quando este é decifrado. Enquanto o termo cifragem irreversível se refere à impossibilidade de recuperar o texto original a partir do texto cifrado (texto cifrado). Os algoritmos de hash geram um código hash quando são alimentados com a mensagem. A partir deste código, a mensagem original não pode ser recuperada. Enquanto que, noutros tipos de cifragem, como a assimétrica ou a simétrica, a mensagem original pode ser recuperada a partir do texto cifrado (texto cifrado).

3.2 CRIPTOGRAFIA

A criptografia está associada ao processo de conversão de texto simples em texto ininteligível e vice-versa. É um método de armazenamento e transmissão de dados numa forma específica, de modo a que apenas aqueles a quem se destinam os possam ler e processar. A criptografia não só protege os dados contra roubo ou alteração, como também pode ser utilizada para autenticação do utilizador.

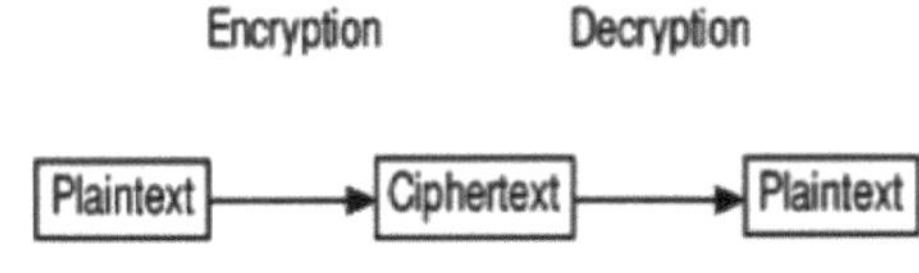

Figura 1

Existem diferentes tipos de técnicas criptográficas utilizadas em geral.

21

3.2.1 Criptografia simétrica

Uma criptografia de chave simétrica utiliza uma única chave para encriptar e desencriptar a informação. Aqui a chave privada deve ser mantida confidencial porque é utilizada tanto para encriptar como para desencriptar a informação e qualquer pessoa com esta chave pode ler o documento encriptado. Por conseguinte, este método é designado por método de cifragem com chave privada. Um bom algoritmo simétrico proporciona integridade, disponibilidade e confidencialidade.

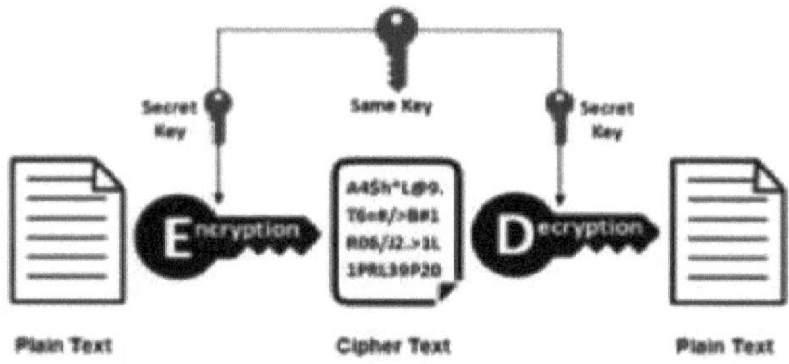

Figura 2

Atualmente, são utilizados vários algoritmos simétricos. Alguns dos algoritmos simétricos reconhecidos mundialmente são: Advanced Encryption Standard (AES), Triple DES (3DES), e algoritmo internacional de encriptação de dados (IDEA). Os algoritmos de chave simétrica fornecem confidencialidade, integridade e disponibilidade. O principal inconveniente das cifras de chave secreta reside na troca da chave secreta, uma vez que qualquer troca deve manter a privacidade da chave. Isto significa normalmente que a chave secreta deve ser encriptada numa chave diferente e que o destinatário já deve ter a chave necessária para desencriptar a chave secreta encriptada. Isto pode levar a uma dependência interminável de outra chave.

3.2.1.1 Algoritmos de controlo

Uma função de hash calcula uma saída de comprimento fixo, designada por message digest, a partir de uma mensagem de entrada de vários comprimentos. O hashing é utilizado principalmente para comparar o resumo dos dados originais com o resumo do estado atual dos dados. Geralmente, um hash é utilizado para criar uma impressão digital única. A impressão digital única é utilizada para verificar se o conteúdo de uma mensagem/programa não foi alterado durante a transmissão. Pode ser utilizada em aplicações instaladas para criar uma impressão digital única para cada aplicação instalada. A impressão digital seria útil no caso de um atacante conseguir adicionar código malicioso, conhecido como vírus de programa. A impressão digital única é designada por digest ou, por vezes, message digest ou hash. O algoritmo de hash unidirecional é utilizado para revelar o conjunto original de dados, ou seja, não encripta nem desencripta os dados. Se os dados não tiverem sido comprometidos, o resumo original e o resumo do estado atual serão idênticos. Atualmente, são utilizados vários algoritmos de hash. Alguns exemplos de algoritmos de hash são: MD5, família SHA. Foi estabelecido que o algoritmo de hashing é um algoritmo unidirecional que apenas fornece integridade. Ajuda a evitar a propagação de vírus quando utilizado corretamente e não é uma forma de encriptar ou desencriptar dados. Limita-se a fornecer um resumo digital para saber se o conteúdo de uma mensagem/programa foi adulterado.

3.2.1.2 Código de autenticação de mensagens

Os códigos de autenticação de mensagens (MAC) são utilizados para impedir a difusão de mensagens não autorizadas e corrompidas, a fim de evitar acidentes rodoviários nas redes ad hoc veiculares (VANET). O MAC utiliza duas entradas: uma mensagem e uma chave secreta. A chave secreta permite ao destinatário da mensagem verificar a integridade da mensagem e autenticar se o remetente da mensagem possui ou não a chave secreta partilhada. Se um remetente não conhece a chave secreta, o valor de hash resultante é diferente, o que indica ao destinatário que a mensagem obtida não é do remetente original. O código de autenticação de mensagem (MAC) pode ser adotado para autenticar a mensagem e a verificação da mensagem pode ser concluída num tempo extremamente curto. No entanto, o processo de autenticação da mensagem pode necessitar da ajuda de RSUs, e o veículo não pode autenticar a mensagem recebida de forma independente. Existem quatro tipos de MAC disponíveis:

- Dados em bytes: O algoritmo de encriptação AES efectua operações em dados de bytes em vez de dados de bits. Por isso, trata o tamanho do bloco de 128 bits como 16 bytes durante o processo de encriptação.
- Comprimento da chave: O número de rondas a realizar depende do comprimento da chave utilizada para encriptar os dados. O tamanho da chave de 128 bits tem dez rondas, o tamanho da chave de 192 bits tem 12 rondas e o tamanho da chave de 256 bits tem 14 rondas.

3.2.1.3. DES

O Data Encryption Standard (DES) é uma cifra de bloco de chave simétrica publicada pelo National Institute of Standards and Technology (NIST). O DES é uma implementação de uma cifra Feistel. Utiliza uma estrutura Feistel de 16 rondas. O tamanho do bloco é de 64 bits. Embora o comprimento da chave seja de 64 bits, o DES tem um comprimento de chave efetivo de 56 bits, uma vez que 8 dos 64 bits da chave não são utilizados pelo algoritmo de cifragem (funcionam apenas como bits de verificação). É um algoritmo de cifra de bloco que recebe texto simples em blocos de 64 bits e os converte em texto cifrado utilizando chaves de 48 bits. É um algoritmo de chave simétrica, o que significa que é utilizada a mesma chave para encriptar e desencriptar dados. Como se sabe, a norma de encriptação de dados (DES) utiliza uma chave de 56 bits para encriptar qualquer texto simples, que pode ser facilmente decifrado utilizando tecnologias modernas. Para evitar que isso aconteça, foram introduzidos o DES duplo e o DES triplo, que são muito mais seguros do que o DES original porque utilizam chaves de 112 e 168 bits, respetivamente. Oferecem muito mais segurança do que o DES.

3.2.1.4 DES duplo

O DES duplo é uma técnica de encriptação que utiliza duas instâncias do DES para o mesmo texto simples. Em ambos os casos, utiliza chaves diferentes para encriptar o texto simples. Ambas as chaves são necessárias no momento da desencriptação. O texto simples de 64 bits vai para a primeira instância do DES, que depois é convertido num texto intermédio de 64 bits utilizando a primeira chave e, em seguida, vai para a segunda instância do DES, que fornece um texto cifrado de 64 bits utilizando a segunda chave. No entanto, o DES duplo utiliza uma chave de 112 bits, mas dá um nível de segurança de 2^{56} e não de 2^{112}, o que se deve ao ataque "meet-in-the middle", que pode ser utilizado para quebrar o DES duplo.

3.2.1.5 DES triplo

O DES triplo é uma técnica de encriptação que utiliza três instâncias de DES no mesmo texto simples. Utiliza diferentes tipos de técnicas de seleção de chaves: na primeira, todas as chaves utilizadas são diferentes; na segunda, duas chaves são iguais e uma é diferente; na terceira, todas as chaves são iguais. O DES triplo é também vulnerável ao ataque "meet-in-the middle", pelo que dá um nível de segurança total de 2^{112} em vez de utilizar

168 bits de chave. O ataque de colisão de blocos também pode ser efectuado devido ao tamanho reduzido dos blocos e à utilização da mesma chave para encriptar grandes quantidades de texto. Também é vulnerável ao ataque sweet32.

3.2.1.6 IDEA

O International Data Encryption Algorithm (IDEA) é uma cifra de bloco livre e aberta, outrora proprietária, que se destinava a substituir o Data Encryption Standard (DES). Consiste numa série de 8 rondas e funciona em blocos de 64 bits utilizando uma chave de 128 bits. O tamanho típico do bloco é de 16 bytes de 128 bits. Uma cifra de bloco funciona normalmente em blocos de rondas, em que parte da chave é aplicada à ronda e, em seguida, são efectuadas outras operações sobre a mesma. Após um certo número de rondas, digamos entre 10 e 16, obtemos o nosso texto cifrado para esse bloco. O bloco de texto cifrado tem exatamente o mesmo tamanho que o bloco de texto simples, 16 bytes. Operamos no bloco para cada ronda utilizando uma parte da chave de encriptação que designamos por chave de ronda. Obtemos as chaves de rondas múltiplas a partir da chave de encriptação utilizando um programa de chaves. A programação de chaves é um algoritmo que desloca, faz XOR, multiplica e executa outros tipos de operações na chave de encriptação original para obter estas chaves de ronda. Bem, se eu tiver um bloco de 16 bytes e uma chave de 128 bits, que também tem 16 bytes.

3.2.1.7 RC4

RC4 significa Rivest Cipher 4, inventado por Ron Rivest em 1987 para a RSA Security. Trata-se de uma cifra de fluxo. As cifras de fluxo operam num fluxo de dados byte a byte. A cifra de fluxo RC4 é uma das cifras de fluxo mais utilizadas devido à sua simplicidade e rapidez de funcionamento. É uma cifra de fluxo de tamanho de chave variável com operações orientadas para bytes. Utiliza chaves de 64 bits ou 128 bits. É geralmente utilizada em aplicações como Secure Socket Layer (SSL), Transport Layer Security (TLS) e também é utilizada no padrão IEEE 802.11 de LAN sem fios. Procedimento de encriptação - O utilizador introduz um ficheiro de texto simples e uma chave secreta.

- O motor de encriptação gera então o fluxo de chaves utilizando o algoritmo KSA e PRGA. - Este fluxo de chaves é agora XOR com o texto simples, sendo esta XORing efectuada byte a byte para produzir o texto cifrado.

- O texto cifrado é então enviado para o destinatário pretendido, que o desencripta e, após a desencriptação, obtém o texto simples original.

3.2.1.8 RC5

O RC5 foi desenvolvido por Ron Rivest. É um algoritmo de encriptação de blocos baseado na chave simétrica RC5 foi desenvolvido por Ron Rivest. É um algoritmo de encriptação de blocos baseado na chave simétrica. A sua principal caraterística é o facto de ser bastante rápido, uma vez que utiliza apenas operações informáticas primitivas. Permite um número variável de rondas e uma chave de tamanho de bit variável para aumentar a flexibilidade. Outra vantagem da utilização do RC5 é o facto de necessitar de menos memória para a sua execução. Esta caraterística permite que o RC 5 seja utilizado para vários fins, como operações de secretária, cartões inteligentes, etc. No algoritmo RC5, o tamanho do bloco de texto simples de entrada, o número de rondas e os bytes de 8 bits da chave podem ter um comprimento variável. Uma vez decididos os valores, estes permanecerão os mesmos para uma determinada execução do algoritmo criptográfico. O tamanho do bloco de texto simples pode ser de 32 bits, 64 bits ou 138 bits. O comprimento da chave pode ser de 0 a 2040 bits. O resultado gerado pelo RC5 é o texto cifrado, que tem o mesmo tamanho que o tamanho do texto simples. No RC5, a mensagem de texto simples é dividida em dois blocos A e B, cada um com 32 bits. De seguida, são geradas duas subchaves S[0] e S[1]. Estas duas subchaves são adicionadas a A e B, respetivamente. Este processo produz C e D, respetivamente, e marca o fim da operação única. Em seguida, inicia-se o processo da ronda. Em cada ronda, é efectuada a seguinte operação XOR bit a bit, deslocamento circular à esquerda, adição à subchave seguinte, tanto para C como para D. Esta é a operação de adição e, em seguida, é efectuado o resultado da adição mod 2^w.

3.2.2 Criptografia assimétrica

Um algoritmo assimétrico utiliza duas chaves: uma chave é utilizada para a encriptação e outra para a desencriptação, que estão matematicamente relacionadas uma com a outra. A chave pública é conhecida globalmente. A chave privada deve ser protegida e mantida em segurança pela pessoa que a criou. O algoritmo assimétrico é também conhecido como criptografia de chave pública. O algoritmo assimétrico utiliza mais poder de processamento e, por conseguinte, é mais lento do que o método simétrico. A chave assimétrica (pública) funciona em ambas as direcções. Se um documento for encriptado com uma chave pública, tem de ser desencriptado com a chave privada. Por exemplo, a pessoa que cria uma chave assimétrica tem a chave privada e partilha a chave pública com a pessoa com quem deseja comunicar em segredo. Os métodos assimétricos fornecem não só integridade, disponibilidade e confidencialidade, mas também autenticidade e não-repúdio. A autenticidade e o não-repúdio no método assimétrico são conseguidos através da criação de uma assinatura digital, que pode depois ser utilizada para verificar o remetente e impedir que este negue a mensagem. A capacidade exclusiva da assinatura digital depende da assimetria para funcionar em ambas as direcções. Alguns bons exemplos de algoritmos assimétricos são o Algoritmo de Assinatura Digital (DSA), o Rivest Shamir Adleman (RSA), o algoritmo Diffie-Hellman (DHA) e o Algoritmo de Assinatura Digital de Curva Elíptica (ECDSA). O algoritmo de criptografia assimétrica mais comum utilizado atualmente é o RSA.

3.2.1.1. Infraestrutura de chave pública

Na PKI, é utilizado um par de chaves pública e privada para a encriptação e a desencriptação. Na fase inicial do estudo, a PKI era a mais utilizada nas VANET. Nestes esquemas baseados na PKI, é necessária uma autoridade de certificação (CA) como parte de confiança. Cada veículo transmite mensagens associadas às assinaturas e aos certificados de chave pública correspondentes. Para a encriptação, é utilizada a chave pública do recetor. Antes de enviar uma mensagem, o veículo tem de lhe anexar uma assinatura digital e um certificado, o que pode aumentar significativamente o custo de comunicação. Para conseguir a privacidade da identidade e o anonimato condicional, são necessárias chaves públicas anónimas para a PKI e os veículos. A gestão dos certificados, incluindo a revogação, pode representar um pesado encargo para a PKI. No entanto, as actuais implementações da PKI como solução de segurança para determinar a validade e a autenticidade dos veículos numa VANET não são eficientes devido à utilização de grandes quantidades de atrasos e de sobrecarga computacional.

3.2.1.2 ECDSA

Significa algoritmo de assinatura digital de curva elíptica. Utiliza a criptografia de curva elíptica para gerar assinaturas digitais. As actuais normas IEEE 1609.2 para comunicações VANET seguras recomendam a utilização do algoritmo de assinatura digital de curva elíptica (ECDSA) para a verificação de assinaturas. O Algoritmo de Assinatura Digital de Curva Elíptica (ECDSA) é definido no FIPS 186-4 como norma para assinaturas digitais governamentais e descrito no ANSI X9.62. Foram propostos vários esquemas para a autenticação em VANET utilizando o ECDSA. A assinatura digital utilizada nas VANET é a norma ECDSA, ou Elliptic Curve Digital Signature Algorithms. O ECDSA garante a segurança da rede através da utilização de uma assinatura digital para as mensagens transmitidas através da rede. Os estudos de investigação aprofundados revelaram que o ECDSA reduz o desempenho do processo de autenticação devido a uma sobrecarga de computação generalizada, causando assim atrasos na verificação e deteriorando consideravelmente o desempenho dos sistemas de autenticação nas VANET.

3.2.1.3 RSA (Ron Rivest, Adi Shamir e Leonard Adelman)

A criptografia RSA baseia-se na dificuldade de fatorizar um número inteiro grande em dois ou mais factores. Quanto maior for o tamanho da chave, mais difícil será a factorização dos números inteiros. O RSA envolve uma chave pública e uma chave privada. A chave pública pode ser conhecida por todos e é utilizada para encriptar mensagens. As mensagens encriptadas com a chave pública só podem ser desencriptadas num período de tempo razoável utilizando a chave privada. As chaves para o algoritmo RSA são geradas da seguinte forma:

- Escolha dois números primos distintos p e q. Para efeitos de segurança, os números inteiros p e q. Para efeitos de segurança, os números inteiros p e q devem ser escolhidos aleatoriamente e devem ter um comprimento de bit semelhante.

- Calcule n = pq. n é utilizado como módulo para as chaves pública e privada. O seu comprimento, normalmente expresso em bits, é o comprimento da chave.

- Calcule $\varphi(n) = \varphi(p)\varphi(q) = (p - 1)(q - 1) = n - (p + q -1)$, onde φ é a função totiente de Euler. Escolhe-se um inteiro e tal que $1 < e < \varphi(n)$ e $gcd(e, \varphi(n)) = 1$; ou seja, e e $\varphi(n)$ são co-primos. e é libertado como expoente da chave pública .e tendo um comprimento de bit curto e um peso de Hamming pequeno resulta numa encriptação mais eficiente - mais comummente $216 + 1 = 65.537$. No entanto, valores muito mais pequenos de e (como 3) demonstraram ser menos seguros nalguns contextos.

- Determine d como d ≡ e-1 (mod φ(n)); ou seja, d é o inverso multiplicativo de e (modulo φ(n)). Isto é mais claramente afirmado como: resolver para d dado d₮ e ≡ 1 (mod φ(n)). Isto é frequentemente calculado usando o algoritmo Euclidiano estendido. Utilizando o pseudocódigo na secção dos inteiros modulares, as entradas a e n correspondem a e e φ(n), respetivamente. d é mantido como o expoente da chave privada.

- A chave pública é constituída pelo módulo n e pelo expoente público (ou de encriptação) e. A chave privada é constituída pelo módulo n e pelo expoente privado (ou de desencriptação) d, que deve ser mantido em segredo. p, q e φ(n) também devem ser mantidos em segredo porque podem ser utilizados para calcular d.

CONCLUSÃO

Espera-se que tenha aprendido as diferenças entre os algoritmos de encriptação de dados atualmente utilizados, bem como a escolher o melhor algoritmo a utilizar numa determinada situação. O leitor também aprendeu que quanto mais longa for a chave, menor é a probabilidade de colisão e mais seguro é o algoritmo de hash. Além disso, ficou a saber que o algoritmo simétrico é muito mais rápido do que o assimétrico. Assim, foram realizados esquemas de gestão de chaves de encriptação em grupo para uma VANET. Verifica-se uma melhoria considerável na comunicação de dados entre os nós após a utilização de técnicas de gestão de chaves. Podemos obter segurança contra modificações e proteção contra ataques de fabrico e modificação utilizando métodos de encriptação.

CAPÍTULO -4

ESQUEMAS DE AUTENTICAÇÃO UTILIZADOS EM VANETS

4.1 INTRODUÇÃO

A autenticação é necessária em todas as redes para proteger as informações sensíveis e confidenciais relativas aos veículos ou passageiros contra a utilização abusiva por pessoas mal intencionadas. Para resolver este problema, foram propostos até à data vários sistemas de autenticação para garantir a segurança das comunicações nas VANET, o que ajuda a identificar os nós maliciosos e as mensagens falsas. A figura 1 mostra os esquemas de autenticação nas VANET. Os sistemas dividem-se em duas categorias: sistemas baseados em assinaturas e sistemas criptográficos.

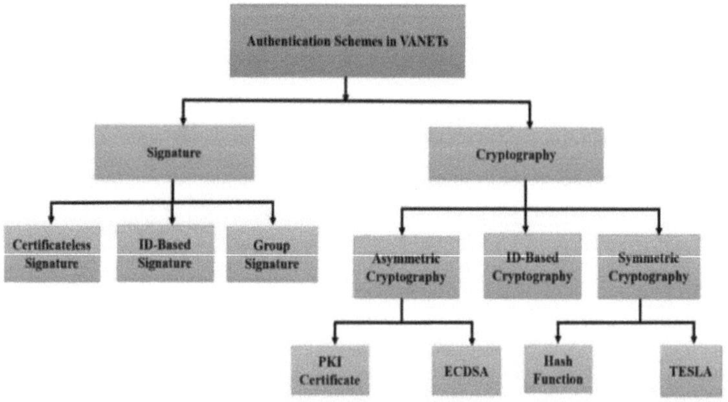

Figura 1:- Esquemas de autenticação em VANETs

4.2 ESQUEMAS CRIPTOGRÁFICOS

São utilizados para proteger informações privadas do público ou de terceiros. Classificam-se ainda em: -

4.2.1 Esquema de criptografia simétrica

Este esquema é também conhecido como criptografia de chave privada, que utiliza um código de autenticação de mensagem (MAC) para autenticar as mensagens. A chave utilizada é uma chave secreta partilhada para que o remetente possa gerar o MAC para autenticar cada mensagem e, consequentemente, todos os nós de um conjunto anónimo possam verificar o MAC utilizando a chave partilhada para autenticar as mensagens recebidas pelo recetor. Este esquema é mais rápido e tem uma eficiência computacional mais fiável porque consiste apenas numa única chave

. A criptografia simétrica é ainda classificada em dois tipos

4.2.1.1. Função Hash

Esta função é responsável por examinar a integridade da mensagem sem qualquer encriptação da mesma. Para o efeito, atribui-se uma entrada à função de hash através da qual pode ser gerado o valor de hash. Este valor hash deve ser anexado à mensagem que está a ser enviada para garantir a integridade da mensagem. A função de hash tem sido utilizada pelos investigadores de diferentes formas. Chuang et al. [8] introduziram um esquema de autenticação leve e descentralizado chamado TEAM (trust-extended authentication mechanism) que utiliza apenas XOR e a função hash durante o processo de autenticação. Chim et al. introduziram um método que utiliza uma função hash unidirecional e uma chave secreta entre o veículo e a RSU. Vighnesh et al. introduziram um novo esquema de autenticação do remetente, utilizando o encadeamento de hash e o código de autenticação para autenticar o veículo e garantir uma comunicação segura entre o veículo e o RSU.

4.2.1.2 Sistemas de autenticação baseados no TESLA

Trata-se de um esquema de verificação temporizada introduzido por Jahanian et al. para cronometrar a autenticação eficiente tolerante à perda de fluxo (TESLA). Neste esquema, em primeiro lugar, o remetente calcula o MAC utilizando uma chave conhecida e, em seguida, anexa um MAC a cada mensagem enviada. Na parte recetora, as mensagens recebidas são armazenadas em buffer sem autenticação. Mas o maior problema do TELSA é a sincronização prévia do relógio do lado da receção e do lado do envio. Também é propenso a ataques DOS causados por veículos não registados que inundam a memória do recetor com mensagens indesejadas. O TELSA é posteriormente modificado para TELSA++ por Studer et al., que fornece a mesma autenticação de difusão e é computacionalmente eficiente em termos de consumo de memória, sendo utilizado para verificar eficazmente as novas RSU e OBU encontradas durante a comunicação. O seu principal objetivo é controlar os ataques DOS à memória, obtidos pelo MAC auto-gerado dos receptores.

4.2.2 Esquema de criptografia assimétrica

Este esquema utiliza um conjunto de duas chaves, uma pública e outra privada, para garantir a segurança dos dados. É também conhecida como criptografia de chave pública, que é utilizada para cifrar e decifrar uma mensagem para garantir a privacidade e a segurança dos dados. A chave pública é utilizada para encriptar as mensagens, gerando uma assinatura digital, e a chave privada, por outro lado, é utilizada para desencriptar uma mensagem encriptada, verificando as suas assinaturas digitais. Este esquema é ainda classificado em certificado de infraestrutura de chave pública (PKI) e autenticação baseada em assinatura digital de curva elíptica (ECDSA).

4.2.2.1 Certificado de infraestrutura de chave pública (PKI)

Os certificados de chave pública são os melhores métodos utilizados na infraestrutura de chave pública (PKI) para autenticar veículos de forma segura e fiável. A PKI contém a assinatura digital da autoridade de certificação (CA), que é a unidade de gestão centralizada, responsável pela certificação de nós, chaves, etc. e também pela autenticação dos veículos na comunicação V2V. Cada veículo, antes de aderir oficialmente ao sistema VANET, tem de se registar na base de dados da CA para comunicar com ela de duas formas: registo offline ou utilização de RSU para registo online indireto. Diferentes investigadores trabalharam neste domínio de diferentes formas. Raya et al. utilizaram as chaves públicas anónimas, que devem ser modificadas de modo a que o recetor não possa localizar a chave do proprietário do veículo para garantir a privacidade, mas este método exige uma grande quantidade de armazenamento e memória para as verificações da lista de revogação de certificados (CRL), para um grande número de chaves anónimas. Isto pode causar um ataque DOS devido a um grande esforço computacional. Calandriello et al. introduziram um método de autenticação baseado em pseudónimos que reduz a sobrecarga de segurança, mantendo a robustez da segurança do tráfego. Este esquema combina o pseudónimo de base e a assinatura de grupo, que pode gerar o seu próprio pseudónimo em tempo real e a auto-certificação, minimizando assim os requisitos de tratamento do pseudónimo na autenticação. Wasef e Shen introduziram um método de protocolo de autenticação de mensagem expedita (EMAP) para VANETs que substitui o processo moroso da CRL por um processo de revogação eficaz. Este método utiliza um código de autenticação de mensagem hash com chave (HMAC) no EMAP que é partilhado apenas entre OBUs não revogados para partilhar e atualizar com segurança a chave secreta. Um esquema de autenticação anónima eficaz com uma privacidade condicional (EAAP) foi introduzido por Azees et al. para evitar a entrada de um veículo malicioso nas VANETs, utilizando um mecanismo de rastreio que pode localizar veículos ou RSUs que criam perturbações nas VANETs. Utiliza um emparelhamento bilinear em que o AT é obrigado a manter o certificado anónimo dos veículos e das RSU. O AT pode também cancelar o anonimato de um veículo malicioso e revelar a sua identidade num grupo.

4.2.2.2 Assinatura digital de curva elíptica (ECDSA)

Este esquema foi introduzido por Manvi et al. que utiliza um algoritmo de hash seguro (SHA) para criar o hash da mensagem pelo veículo de envio para gerar uma chave privada e pública. A mensagem recebida é desencriptada utilizando a chave pública na extremidade recetora. Kalkundri et al. introduziram uma técnica que utiliza o algoritmo ECDSA para proporcionar segurança em termos do mecanismo ponto-a-ponto (p2p) para obter a autenticação de mensagens em VANET. Smitha et al. utilizaram o método de classificação da segurança crítica para autenticar a mensagem com base na árvore de Merkle e no ECDSA.

4.2.3 Esquemas de criptografia baseados na identidade

Neste esquema, a chave pública do utilizador é obtida a partir das suas informações de identificação, como a localização do utilizador, o número de telefone, o endereço de correio eletrónico, etc., a fim de autenticar a mensagem, mas não utiliza os certificados PKI, o que reduz a sobrecarga de comunicação e a sobrecarga de gestão das LCR. Shim propôs um esquema eficiente de autenticação condicional com preservação da privacidade (CPAS) que utiliza pseudo-IBS para obter uma comunicação segura em V2I. A RSU é capaz de verificar simultaneamente uma grande quantidade de mensagens recebidas, reduzindo assim o tempo de computação e o espaço de memória. Sun et al. propuseram um sistema de segurança VANET em que a autenticação é efectuada sem necessidade de um certificado, consumindo assim menos espaço de memória e baixos custos de computação.

4.3 AUTENTICAÇÃO BASEADA NA ASSINATURA

4.3.1 Assinatura baseada na identidade

A ideia de criptografia dependente da identidade (IBC) foi proposta por Adi Shamir em 1984. Nas assinaturas baseadas na identidade, as chaves públicas podem ser extraídas dos dados de identificação pública da entidade da rede, como o nome, o endereço eletrónico, os endereços Internet, etc., que podem ser utilizados para efeitos de cifragem ou de autenticação da assinatura. Não são necessários certificados digitais para a autenticação de chaves públicas, como no caso da PKI tradicional, diminuindo assim as despesas de criação e manutenção de certificados digitais. O IBS tem um processo em quatro etapas:

i. Configuração: Em primeiro lugar, o PKG avalia a chave mestra e os parâmetros públicos e, em seguida, divulga esses parâmetros a todos os veículos publicamente numa VANET.

ii. Extração da chave: Em seguida, é gerada uma chave privada utilizando a ID do veículo e a ID principal, que é utilizada para comunicar com o veículo através de um canal seguro.

iii. Assinatura de assinatura: São geradas utilizando uma chave privada, assumindo uma mensagem M e um registo de data e hora T.

iv. Verificação: A validade do algoritmo é testada para determinar se a assinatura gerada é válida ou não.

4.3.2 Assinatura sem certificado

A ideia da criptografia de chave pública sem certificado (CL-PKC) desenvolvida por Al-Shamir & Paterson é um derivado da criptografia baseada na identidade que está a ser utilizada atualmente. A sobrecarga da emissão de certificados de infra-estruturas de chaves públicas (PKI), o problema do depósito de chaves e a questão da identificação são eliminados com a CL-PKC. Utiliza um terceiro denominado Key Generation Centre (KGC) para criar uma chave privada parcial para um utilizador, que é depois emparelhada com a chave oculta selecionada pelo utilizador para a criação de uma chave secreta completa. O utilizador da chave utiliza os parâmetros predefinidos do KGC, como a configuração, a extração da chave privada parcial, o valor secreto, a chave privada, a chave pública, a assinatura e a verificação, incluindo a sua chave oculta, para determinar a chave pública, que são explicados a seguir

i) Configuração:- Utiliza parâmetros de segurança para produzir a chave mestra e a chave pública mestra. Também pode produzir parâmetros que podem ser distribuídos entre todos os nós[24].

ii) Extração de chave privada parcial: - Pode ser gerada com diferentes parâmetros, como a chave mestra, a chave pública mestra, os parâmetros do sistema e uma identificação de identidade[23].

iii) Definir valor secreto:- É gerado utilizando a chave pública principal e outros parâmetros do sistema.

iv) Definir chave privada: Este algoritmo utiliza o parâmetro, a chave privada parcial e o valor secreto como parâmetros de entrada. O valor secreto é utilizado para transformar a chave privada parcial numa chave privada completa que é devolvida pelo algoritmo.

v) Definir a chave pública: A chave pública é gerada utilizando diferentes parâmetros, como a chave mestra, a função do sistema, uma identidade e o seu valor secreto.

vi) Assinar: gera uma assinatura sem certificado utilizando um parâmetro do sistema, uma chave pública mestra, etc.

vii) Verificar: As assinaturas podem ser verificadas utilizando vários parâmetros, tais como o parâmetro do sistema, a ID da chave pública principal, a ID da chave pública, etc.

4.3.3) Sistemas de assinatura de grupo

Este esquema utiliza assinaturas de grupo para preservar a privacidade dos veículos. Só os membros do grupo que estão registados podem assinar as mensagens de forma anónima. A autenticidade da mensagem pode ser verificada pelo chefe do grupo para verificar se a mensagem provém do remetente original. Mas requer muito tempo para verificar a assinatura, limitando assim a sua utilização a aplicações relacionadas com o tempo em VANETs. Zhang et al., em 2010, propuseram um método eficiente em que cada RSU mantinha e geria um grupo on-the-fly dentro do seu raio de comunicação e os veículos que entravam no grupo podiam enviar secretamente mensagens V2V que podiam ser verificadas pelos utilizadores do mesmo grupo e, se algum veículo fosse encontrado a produzir uma mensagem falsa, podia ser localizado pela autoridade de confiança. Em Reference, Zhang et al. introduziram um protocolo de serviço baseado na localização (LBS) utilizado para resolver os desafios inerentes em termos de autenticação e privacidade condicional para oferecer LBSs em VANETs e, para o conseguir, um veículo apenas necessita de uma chave de membro que pode gerar assinaturas de grupo verificador-localização. As assinaturas podem ser verificadas pelo LBS sem interferir com a privacidade de um veículo e, se forem consideradas falsas, o certificado de geração de chaves pode avaliar a identificação do veículo. Islam et al. introduziram um protocolo de autenticação com preservação da privacidade condicional e geração de chaves de grupo (PW-CPPA-GKA) baseado numa palavra-passe, que oferece várias funcionalidades, como a saída do utilizador, a introdução do utilizador e a alteração de uma palavra-passe. Foi concebido sem utilizar técnicas de emparelhamento bilinear e de curvas elípticas, pelo que este protocolo é computacionalmente estável.

4.4 PROBLEMAS DE SEGURANÇA NOS SISTEMAS DE AUTENTICAÇÃO EXISTENTES: -

i) **Elevada sobrecarga computacional com a PKI tradicional**

As RSU e os veículos necessitam de cálculos adicionais para verificar os certificados emitidos pelo AT para o processo de autenticação em esquemas anteriores.

ii) **Utilização de memória de grande capacidade**

Cada OBU gera os seus próprios pseudónimos, o que significa que cada nó móvel gerará os seus próprios pseudónimos para construir canais seguros, o que levará a uma utilização considerável de memória.

iii) **Violação de hardware/Ataques de replicação**

Os sensores e as RSUs a bordo são manipulados por adversários quando são instalados num ambiente sem vigilância, extraindo assim todos os dados confidenciais. Por vezes, os nós são replicados e manipulados, criando clones de RSUs manipuladas, o que constitui uma ameaça à segurança e à privacidade nas VANETs.

iv)   Deteção de nós maliciosos

Se um atacante inserir um nó malicioso ou adulterar a mensagem original, será difícil detetar o nó malicioso, o que conduzirá a um caos no tráfego ou mesmo a acidentes.

4.5 Esquema de autenticação de chaves sem certificado

Depois de analisar diferentes esquemas de autenticação nas VANET, verificou-se que os esquemas baseados na criptografia de chave pública, na criptografia de chave simétrica e também nas soluções baseadas na identidade apresentam muitas deficiências na segurança das comunicações em organizações de veículos. O principal objetivo de um sistema de autenticação é reduzir o custo computacional, manter o anonimato dos nós, localizar os nós maliciosos e não repudiar. As deficiências podem ser atenuadas pela utilização da autenticação sem certificado, que pode melhorar a proteção automóvel das redes ad hoc. O esquema de autenticação de chaves sem certificado elimina a sobrecarga de revogação de certificados, como no caso da criptografia de chaves públicas. Resolve também o problema do depósito de chaves no caso da criptografia baseada na identidade. Está a ser introduzido um esquema eficaz de assinatura agregada sem certificado para as comunicações entre veículos, concebido principalmente para garantir a segurança das comunicações entre veículos, reduzindo drasticamente o tempo de verificação da assinatura e aumentando o número de mensagens que podem ser verificadas num determinado momento. O esquema proposto reduz o custo computacional incorrido na revogação de certificados e na verificação de assinaturas. Este sistema é mais eficaz para redes com recursos limitados e será utilizado para criar redes seguras que garantam um processo de comunicação sem problemas nas VANET.

CONCLUSÃO

As VANET são consideradas uma área de investigação mais importante e promissora num sistema de transportes inteligente devido às suas características únicas. Por conseguinte, a segurança e a privacidade nas VANETS são consideradas uma questão crítica. O principal objetivo das VANET é garantir a segurança dos seres humanos nas estradas através da difusão de mensagens de segurança entre os veículos. Mas estas mensagens de segurança são transmitidas num ambiente aberto, o que torna as VANET mais vulneráveis a ataques. Por conseguinte, é necessário desenvolver um esquema de segurança sofisticado e robusto para fazer face aos ataques à segurança e à privacidade. Além disso, o sistema de segurança deve ser melhorado através de esquemas de autenticação robustos para garantir a segurança das comunicações nas VANET. É necessário um sistema de autenticação eficiente para garantir a privacidade e a segurança dos dados entre V2V e V2I e também proteger a privacidade da identificação e da localização dos veículos.

CAPÍTULO-5

ESQUEMA DE AUTENTICAÇÃO SEM CERTIFICADO EM VANETS

5.1 INTRODUÇÃO

A autenticação é uma peça fundamental na segurança das comunicações sem fios, sendo necessária a existência de mecanismos eficazes de revogação de utilizadores. Por um lado, é necessário otimizar o processo de autenticação para que os nós legítimos e honestos possam usufruir de todos os serviços da rede. Por outro lado, o processo de autenticação deve ser útil para detetar e excluir os nós maliciosos, de modo a garantir a fiabilidade da rede. Um dos principais problemas quando a segurança das comunicações se baseia na criptografia de chave pública é garantir que uma determinada chave pública é autêntica e válida. A abordagem tradicional a este problema é através de certificados de chave pública emitidos por uma infraestrutura de chave pública (PKI), em que uma autoridade de certificação (CA) certifica a propriedade e a validade dos certificados de chave pública. Esta solução apresenta muitas dificuldades porque as questões associadas à gestão dos certificados são bastante complicadas e dispendiosas. A chamada criptografia baseada na identidade (Identity Based Cryptography - IBC), em que a chave pública de cada utilizador é a sua identidade pública (ID), representa uma abordagem diferente, porque a necessidade de certificados de chave pública é eliminada. A eficiência é uma caraterística fundamental da revogação quando se utiliza a criptografia de chave pública, porque as chaves privadas podem ficar comprometidas. Este problema tem sido tradicionalmente resolvido através de uma abordagem centralizada baseada na existência de um Terceiro de Confiança (TTP), que é normalmente uma AC que distribui as chamadas Listas de Revogação de Certificados (LCR), que podem ser vistas como listas negras de certificados revogados. Em particular, a norma IEEE 1609.2 propõe tanto a autenticação de difusão como o não repúdio através da utilização do algoritmo de assinatura digital de curva elíptica (ECDSA). No entanto, a verificação de cada assinatura utilizando o ECDSA implica um custo computacional elevado. Por um lado, de acordo com estas normas, assume-se que cada veículo tem um par de chaves: uma chave de assinatura privada e uma chave de verificação pública certificada pela CA; e qualquer mensagem VANET deve conter: um carimbo de data/hora com a hora de criação, a assinatura do remetente e o certificado de chave pública do remetente. Por outro lado, as chamadas Comunicações Dedicadas de Curto Alcance (Dedicated Short-Range Communications - DSRC), especificamente concebidas para utilização no sector automóvel, definem que os veículos trocam regularmente com os veículos mais próximos balizas que contêm informações sobre o remetente, como a localização e a velocidade, uma vez que as informações destas balizas são muito úteis para muitas aplicações VANET, como o aviso de colisão cooperativo. Cada OBU pode obter vários pares de chaves certificadas e utilizar chaves públicas diferentes de cada vez que é certificado, a fim de proteger a privacidade nas VANET. Estas chaves públicas estão ligadas a pseudónimos que permitem evitar o rastreio da localização por parte de espiões. Por conseguinte, quando as VANET forem implementadas na prática em grande escala, a sua dimensão aumentará rapidamente devido ao número crescente de OBU e à utilização desses pseudónimos múltiplos. Assim, é previsível que, se forem utilizadas LCR, estas se tornem muito grandes e impossíveis de gerir. Além disso, este contexto pode provocar um fenómeno conhecido como implosion request, que consiste em muitos nós tentarem descarregar a LCR de forma síncrona durante a sua atualização, produzindo uma latência mais longa no processo de validação de um certificado devido a um grave congestionamento e sobrecarga da rede.

5.2 TRABALHOS RELACIONADOS

Nas VANET, os problemas de segurança e privacidade têm suscitado grande interesse e investigação por parte da indústria e do mundo académico. Recentemente, foram propostos muitos esquemas de CPPA para VANETs, classificados em três categorias: esquemas baseados em PKI, esquemas baseados em ID e esquemas sem certificado. Para resolver o problema da segurança e de alguns requisitos de privacidade nas VANET, vários professores e académicos propuseram um tipo de novo esquema designado esquemas de autenticação baseados em infra-estruturas de chave pública (PKI). Nos seus esquemas, tentaram fazer com que os veículos computassem mais para verificar as assinaturas de outros veículos ou assumiram que existe uma autoridade de certificação fiável para emitir e manter certificados de vários veículos. No entanto, este pressuposto pode ser irrealista porque um único nó não pode suportar os oceanos de cálculo. Em 2004, Hubaux et al. começaram por referir as questões de segurança e privacidade nas VANET e declararam que a tecnologia da infraestrutura de chaves públicas (PKI) podia ser utilizada para proteger as mensagens transmitidas nos veículos. Em 2007, Raya e Hubaux propuseram, com base em certificados anónimos, um esquema de autenticação anónima para as VANET, tendo demonstrado que o esquema proposto pode proporcionar a autenticação de mensagens e a preservação condicional da privacidade. Neste esquema, cada veículo tem de pré-carregar uma grande quantidade de pares de chaves públicas/privadas anónimas e os certificados de chave pública correspondentes e, em seguida, assinar uma mensagem utilizando uma das chaves privadas para garantir o anonimato em cada comunicação. Por conseguinte, é necessário um grande espaço de armazenamento para armazenar as chaves e os certificados correspondentes em todos os veículos, enquanto a autoridade de certificação também tem de armazenar os certificados de todos os veículos. Em 2008, Lu et al. propuseram um esquema eficiente de preservação da privacidade condicional (ECPP) para VANETs para resolver o problema de um grande espaço de armazenamento para os veículos, utilizando os certificados anónimos temporários. Com base no código de autenticação de mensagens com hash (HMAC) e na abordagem de k-anonimato, Zhang et al. propuseram um esquema eficiente de autenticação de mensagens auxiliado por RSU para garantir a preservação da privacidade dos veículos. Em resumo, todos os esquemas de autenticação baseados em PKI para VANETs têm um problema de estrangulamento no armazenamento e gestão de certificados. Mais tarde, foi amplamente debatido um novo tipo de esquema de assinatura, designado esquema de assinatura baseada na identidade (IBS). Por exemplo, Liu et al. propuseram um esquema IBS que pode utilizar a identidade do utilizador como chave pública e a chave privada é gerada pelo PKG de geração de chaves públicas, o que pode reduzir a carga de um único nó. No entanto, o IBS tem problemas inerentes ao depósito da chave que é gerada pela identidade do utilizador. No esquema de Al-Riyami e Paterson, eles introduzem em primeiro lugar a criptografia de chave pública sem certificado. Nos últimos anos, muitos investigadores têm realizado trabalhos de investigação sobre os esquemas CLS e CLAS com emparelhamento bilinear. Nestes esquemas, o centro de geração de chaves (KGC) utiliza a sua chave-mestra e a informação de identidade do utilizador para calcular uma parte da chave privada e enviá-la ao utilizador, após o que o utilizador combina parte da chave privada e o seu valor secreto para gerar a verdadeira chave privada do utilizador, que pode proteger a privacidade do utilizador e tornar o sistema seguro. O esquema acima referido utiliza o emparelhamento bilinear, que tem um custo de computação relativamente elevado. A criptografia de curva elíptica é escolhida para utilização no CLS e no CL-AS devido à sua elevada eficiência. No esquema de Xie et al., propuseram uma prova de segurança rigorosa que mostra que o esquema é capaz de resistir a vários ataques maliciosos e garantir a proteção da privacidade. No domínio dos cuidados de saúde, Du et al. propuseram um esquema CLAS com elevada eficiência e baixa latência, que pode ser mais adequado para aplicação no domínio dos cuidados de saúde. Em 2018, Cui et al. demonstraram o seu novo esquema CLS e CL-AS com ECC, que reduz significativamente o tempo de computação durante o processo de assinatura e verificação. Kamil et al. declararam que o esquema proposto por Cui et al. não é seguro contra o ataque de falsificação de assinaturas e apresentaram um esquema de assinatura melhorado para VANETs. Afirmaram que o esquema proposto pode responder melhor a todas as necessidades das VANET em matéria de segurança e privacidade.

5.3. PRELIMINARES UTILIZADAS NO ESQUEMA DE AUTENTICAÇÃO SEM CERTIFICADO

Em geral, um esquema de assinatura sem certificado (CLS) e um esquema de assinatura agregada sem certificado (CL-AS) consistem nos sete algoritmos seguintes.

(1) Configuração: O KGC e o TA executam este algoritmo probabilístico, que necessita de um parâmetro de segurança λ, gerando depois uma curva elíptica E, chaves públicas PKTA e PKKGC, e chaves mestras secretas α, β, respetivamente, e publicando depois uma série de parâmetros do sistema que são utilizados para garantir a ordem do sistema.

(2) Geração de chave privada parcial: Neste algoritmo, em primeiro lugar, a entidade Vi transmite uma tupla que inclui a sua identidade real e a pseudo-identidade parcial à TA. Em seguida, o AT envia uma pseudo-identidade completa para o KGC com cálculo. Por fim, o KGC transmite a chave privada parcial à entidade Vi num canal seguro. (3) Geração da chave do veículo: A entidade Vi selecciona aleatoriamente $\rho i\ Z\ q$ como sua chave secreta e calcula a sua chave pública PKVi .

(4) Assinatura individual: este algoritmo é utilizado por cada entidade Vi; depois de gerar uma mensagem mi, a entidade Vi tenta calcular um conjunto de variáveis. De seguida, envia a assinatura σ para a entidade verificada

(5) Verificação individual: este algoritmo é executado pelo verificador, como a RSU. Ao receber dados como a assinatura σ, a pseudo-identidade PIDi e a hora atual Tcur, a RSU verifica em primeiro lugar a validade da hora. Em seguida, o algoritmo produzirá um resultado verdadeiro se a assinatura for válida ou falso caso contrário.

(6) Sinal agregado: Neste algoritmo, o gerador de assinatura agregada é geralmente o RSU no nosso sistema. Para um conjunto agregador V de n entidades V1, V2, , Vn, a

pseudo identidade PIDi de cada veículo Vi como lista PID, a chave pública correspondente PKVi de Vi, e tuplas de assinatura de mensagens ðŏm1, σ1Þ, ŏm2, σ2Þ,,ŏmn, σnÞÞ de Vi , respetivamente. O gerador de assinatura agregada gerará a assinatura σ; em seguida, transmitirá ao verificador a tupla que inclui a assinatura, a lista PID e a lista de tempo T.

(7) Verificação agregada: Em geral, este algoritmo é executado por outra RSU. É necessário um conjunto agregado V de n entidades fV1, V2, Vng, a pseudo-identidade PI Di de cada entidade Vi. O verificador começa por verificar a validade temporal de cada entidade. Em seguida, dá como resultado verdadeiro se a assinatura for válida ou falso

5.3.1. CRIPTOGRAFIA DE CURVA ELÍPTICA

Amplamente utilizada no domínio da criptografia, a criptografia de curva elíptica é um excelente algoritmo que possui uma eficiência extremamente elevada e uma segurança relativamente excelente. Pode utilizar muito menos bits para encriptar mensagens com o mesmo comprimento do que o algoritmo RSA no domínio da criptografia de chave pública. Devido ao facto de ter menos parâmetros de cálculo, um comprimento de ligação mais curto e um custo de tempo menor, a criptografia de curva elíptica pode ser perfeitamente aplicada aos cenários de aplicação das VANET. Foi inicialmente introduzida por Miller e Koblitz Uma curva elíptica E sobre um campo finito Fp, em que p é um primo grande, é definida pela seguinte equação: Um ponto infinito O e todos os pontos (x,y) E formam um grupo cíclico aditivo. Nos últimos anos, a criptografia de curvas elípticas (ECC) tem atraído grande atenção. Com o mesmo nível de segurança, a CEC tem muitas boas propriedades, incluindo uma dimensão de chave privada mais pequena, menos computação, menor quantidade de armazenamento e menos largura de banda. Acredita-se geralmente que a curva elíptica de 224 bits garante o mesmo nível de segurança que o RSA de 2048 bits. Por conseguinte, o esquema de assinatura baseado na curva elíptica é mais adequado para dispositivos de baixo consumo. É um método prático e significativo para utilizar o esquema de assinatura de curva elíptica para obter a integridade dos dados e a autenticação da identidade no ambiente IoT com recursos limitados

5.3.2 LEMA DA BIFURCAÇÃO.

Suponhamos que A é uma máquina de Turing probabilística de tempo polinomial e que a sua entrada inclui dados públicos. Usamos Q e R para simbolizar o número de consultas que A pode fazer ao oráculo aleatório e o número de consultas que A pode fazer ao signatário, respetivamente. Suponhamos que, durante um período de tempo T, A pode gerar uma assinatura legítima ðm, σ1, h, σ2Þ com uma probabilidade ε ≥ 10ðR + 1ÞðR + QÞ/2k. Se alguém não conhecer a chave privada, mas conseguir falsificar a assinatura ðσ1, h, σ2Þ com uma probabilidade de distribuição indistinguível, então podemos imaginar uma máquina que pode obter a informação secreta da máquina e obter e substituir a interação com o signatário por simulação. Eventualmente, pode gerar duas assinaturas legítimas ðm, σ1, h, σ2Þ e ðm, σ1, h′, σ2′Þ tais que h ≠ h′ no tempo esperado T′ ≥ 120686QT/ε.

5.4 ESQUEMA DE AUTENTICAÇÃO SEM CERTIFICADO VS PKI

A criptografia de chave pública sem certificado permite uma funcionalidade semelhante à da infraestrutura de chave pública (PKI) e à da criptografia baseada na identidade (ID), sem sofrer com a complicada gestão de certificados na PKI ou com o problema de depósito de chaves secretas na criptografia baseada na ID. Este sistema evita a garantia inerente à criptografia baseada na identidade e, no entanto, não exige certificados para garantir a autenticidade das chaves públicas. A ausência de certificados e a presença de um adversário que tenha acesso a uma chave-mestra exige o desenvolvimento cuidadoso de um novo modelo de segurança que poupe custos de computação e despesas de comunicação. Utiliza também as vantagens das assinaturas agregadas. A assinatura agregada pode combinar n assinaturas em n mensagens de n utilizadores numa única assinatura curta, e a assinatura resultante pode convencer o verificador de que os n utilizadores assinaram efetivamente as n mensagens correspondentes. Esta caraterística torna a assinatura agregada muito útil, especialmente em ambientes com baixa largura de banda de comunicação, baixo armazenamento e baixa computabilidade, uma vez que reduz significativamente o comprimento total da assinatura e o custo de verificação. Este esquema não só satisfaz os requisitos de privacidade e segurança das VANET, como também permite a verificação em lote, a autonomia e a preservação condicional da privacidade. Por conseguinte, o esquema de assinatura agregada sem certificado (CLAS) é particularmente adequado para resolver problemas de autenticação de encaminhamento seguro em redes ad hoc veiculares com recursos limitados.

5.4.1 DÉFICE

Uma vez que os cenários de aplicação real das VANET exigem uma elevada eficiência, estão a ser desenvolvidos esquemas eficientes de autenticação anónima sem certificado e de assinatura agregada. Infelizmente, verificou-se que a maioria dos sistemas CLAS existentes tem falhas de segurança ou um desempenho insatisfatório em termos de custos de computação e comunicação. A baixa eficiência causada pela assinatura ilegítima no processo de verificação agregada é uma lacuna que requer trabalho no futuro.

CONCLUSÃO

O trabalho futuro poderá incluir o desenvolvimento de um esquema que diminua a latência, o atraso médio e melhore o rendimento utilizando simuladores de rede, como o OMNeT++, e simuladores de tráfego rodoviário, como o SUMO. Além disso, o trabalho futuro incluirá também a conceção de um esquema de autenticação baseado em redes veiculares habilitadas para 5G. É imperativo desenvolver um esquema CLAS que seja robusto contra todos os tipos de ataques, o que o torna mais adequado para efetuar um encaminhamento seguro em VANETs com recursos limitados.

CAPÍTULO-6

APLICAÇÕES E ÂMBITO FUTURO DAS VANETs

6.1 APLICAÇÕES DOS FURGÕES

A RSU pode ser tratada como um ponto de acesso ou um router ou mesmo um ponto de memória intermédia que pode armazenar dados e fornecer dados quando necessário. Todos os dados nas RSUs são carregados ou descarregados pelos veículos. Também é feita uma classificação das aplicações: aplicações de tráfego entre veículos, aplicações entre veículos e infra-estruturas, aplicações entre veículos e residências e aplicações baseadas em encaminhamento. Os autores debatem os vários ataques com base na sua classificação. Com base no tipo de comunicação, V2I ou V2V, as aplicações das VANET são classificadas da seguinte forma

1) Orientado para a segurança
2) Orientação comercial
3) Orientado para a conveniência e
4) Aplicações produtivas

6.1.1 Aplicações de segurança

As aplicações de segurança incluem a monitorização da estrada circundante, dos veículos que se aproximam, da superfície da estrada, das curvas da estrada, etc. As aplicações de segurança rodoviária podem ser classificadas como

1) Tráfego em tempo real: Os dados de tráfego em tempo real podem ser armazenados na RSU e estar disponíveis para os veículos quando e onde for necessário. Isto pode desempenhar um papel importante na resolução de problemas como engarrafamentos, evitar congestionamentos e alertas de emergência como acidentes, etc.

2) Transferência cooperativa de mensagens: O veículo lento/parado trocará mensagens e cooperará para ajudar os outros veículos. Embora a fiabilidade e a latência sejam as principais preocupações, pode automatizar coisas como a travagem de emergência para evitar potenciais acidentes. Do mesmo modo, a luz de travagem eletrónica de emergência pode ser outra aplicação.

3) Notificação pós-acidente: Um veículo envolvido num acidente emitirá mensagens de aviso sobre a sua posição para os veículos que o seguem, de modo a poder tomar uma decisão atempada, bem como para a patrulha rodoviária para apoio no reboque

4) Notificação de controlo do perigo rodoviário: Os automóveis notificam os outros automóveis sobre a existência de um deslizamento de terras na estrada ou informações sobre a notificação de características da estrada devido a uma curva, uma descida repentina, etc.

5) Aviso de colisão cooperativa: Alerta dois condutores potencialmente em rota de colisão para que possam corrigir o seu comportamento.

6) Vigilância do tráfego: As câmaras podem ser instaladas na RSU e funcionar como um meio de entrada e como a mais recente ferramenta numa campanha de tolerância baixa ou zero contra as infracções de condução.

6.1.2 Aplicações comerciais

As aplicações comerciais proporcionarão ao condutor entretenimento e serviços como o acesso à Web, o streaming de áudio e vídeo. As aplicações comerciais podem ser classificadas como:

1. Personalização/diagnóstico remoto do veículo: Ajuda no descarregamento de definições personalizadas do veículo ou no carregamento de diagnósticos do veículo de/para a infraestrutura.

2. Acesso à Internet: Os veículos podem aceder à Internet através da RSU se esta estiver a funcionar como um router

3. Descarregamento de mapas digitais: Os condutores podem descarregar mapas de regiões de acordo com as suas necessidades, antes de se deslocarem a uma nova área, para orientação da viagem. Além disso, o descarregamento da base de dados de mapas de conteúdos funciona como um portal para obter informações valiosas a partir de pontos quentes móveis ou estações domésticas.

4. Transmissão de vídeo em tempo real: A experiência cinematográfica a pedido não se limitará aos limites da casa e o condutor pode pedir a retransmissão de vídeo em tempo real dos seus filmes favoritos.

5. Publicidade de valor acrescentado: Destina-se especialmente aos prestadores de serviços que pretendem atrair clientes para as suas lojas. Anúncios como bombas de gasolina, restaurantes de auto-estradas para anunciar os seus serviços aos condutores dentro do raio de comunicação. Esta aplicação pode estar disponível mesmo na ausência de Internet.

6.1.3 Aplicações de conveniência

As aplicações de conveniência tratam principalmente da gestão do tráfego com o objetivo de melhorar a eficiência do tráfego, aumentando o grau de conveniência para os condutores. As aplicações de conveniência podem ser classificadas como:

1. Desvios de rota: O planeamento de rotas e viagens pode ser feito em caso de congestionamentos rodoviários.

2. Cobrança eletrónica de portagens: O pagamento da portagem pode ser feito eletronicamente através de um ponto de cobrança de portagens. O ponto de cobrança de portagens deve ser capaz de ler o OBU do veículo. Os OBU funcionam através do GPS e do odómetro de bordo ou do techograph como apoio para determinar a distância percorrida pelos camiões por referência a um mapa digital e do GSM para autorizar o pagamento da portagem através de uma ligação sem fios. A aplicação TOLL é benéfica não só para os condutores, mas também para os operadores de portagens.

3. Disponibilidade de estacionamento: As notificações sobre a disponibilidade de estacionamento nas cidades metropolitanas ajudam a encontrar a disponibilidade de lugares em parques de estacionamento numa determinada área geográfica.

4. Previsão ativa: Antecipa a topografia futura da estrada, o que se espera que optimize a utilização de combustível, ajustando a velocidade de cruzeiro antes de iniciar uma descida ou uma subida. Em segundo lugar, o condutor também é assistido.

6.1.4 Aplicações produtivas

Chamamos-lhe intencionalmente produtiva, uma vez que esta aplicação é adicional às aplicações acima mencionadas. As aplicações produtivas podem ser classificadas como:

1) Benefícios ambientais: O programa de investigação AERIS visa gerar e adquirir dados de transportes em tempo real relevantes para o ambiente e utilizar esses dados

para criar informações accionáveis que apoiem e facilitem escolhas de transportes "verdes" por parte dos utilizadores e operadores do sistema de transportes. Empregando uma abordagem multimodal, o programa AERIS trabalhará em parceria com o esforço de investigação das comunicações veículo-veículo (V2V) para definir melhor o modo como os dados e aplicações dos veículos conectados podem contribuir para atenuar alguns dos impactos ambientais negativos dos transportes de superfície.

2) Utilização do tempo: Se um viajante descarregar o seu correio eletrónico, pode transformar o engarrafamento numa tarefa produtiva e ler o sistema de bordo e lê-lo ele próprio se o trânsito estiver parado. É possível navegar na Internet quando se está no carro à espera de um familiar ou amigo.

 3) Poupança de combustível: Quando a aplicação do sistema TOLL para veículos cobra portagens nas cabines de portagem sem parar os veículos, poupa-se cerca de 3% de combustível, que é consumido quando um veículo espera, em média, 2 a 5 minutos.

6.2 Futuro

Tal como os telemóveis nos são familiares e utilizados no nosso dia a dia, também o futuro das VANET é indubitavelmente seguro. As VANET passaram a fazer parte dos projectos governamentais. Na Índia, a National Highways Authority of India (NHAI) está a planear substituir a cobrança manual de portagens nas praças por sistemas de cobrança eletrónica de portagens (ETC) em todo o país. O sistema ETC basear-se-á na identificação por radiofrequência (RFID), que será complementada por uma unidade de bordo sem fios (OBU) num veículo, bem como por uma unidade fixa na berma da estrada (RSU) na praça de portagem. A polícia australiana de Nova Gales do Sul (NSW) e de Victoria está a considerar a introdução de um novo tipo de radar de velocidade a laser, que pode apanhar condutores que utilizem telemóveis, bem como condutores em excesso de velocidade, a meia milha de distância. Os radares, conhecidos como Concept II, foram fabricados pela Tele-Traffic UK e já estão a ser utilizados pela polícia de Dorset, no Reino Unido, como o mais recente instrumento da sua campanha de tolerância zero contra as infracções de condução. Do mesmo modo, estão em curso vários projectos em diversos países para utilizar as VANET na segurança e eficiência do tráfego. Há ainda muitos outros desafios que terão uma forte influência no futuro das VANET. Embora, para mostrar o impacto das VANET na segurança e eficiência do tráfego, estejam disponíveis vários simuladores, nomeadamente o EstiNet, o ns-2, o TRANS e muitos outros, o estudo do comportamento e da reação dos condutores quando é fornecida informação adicional através das VANET é também um desafio. A adoção das VANET no mercado é outro desafio, dado que há muitos intervenientes no jogo.

BIBLIOGRAFIA

[1] F. Akyildiz, W. Su, Y. S. Subramaniam, e E. Cayirci, "A Survey on Sensor Networks," IEEE Communications Magazine, vol. 40, no. 8, pp. 102-114, agosto (2002).

[2] Marvy B. Mansour1, Cherif Salama2 , Hoda K. Mohamed3 e Sherif A. Hammad4 International Journal of Network Security & Its Applications (IJNSA) Vol. 10, No.2, março (2018)

[3] Mohammad Jalil Piran , G. Rama Murthy , G. Praveen Babu "Adhoc and sensor networks; principles and challenges" International Journal of Ad hoc, Sensor & Ubiquitous Computing (IJASUC) Vol.2, No.2, June(2011) .Security Comm. Networks 2011; 4:1137-1152Publicado online em 15 de julho de 2010 na Wiley Online Library (wileyonlinelibrary.com). DOI: 10.1002/sec.239

[4] Muhammad Sameer Sheikh 1,2, Jun Liang 2,* e Wensong Wang "Uma pesquisa de serviços de segurança, ataques e aplicações para redes Ad Hoc veiculares (VANETs)" "Sensors 2019, 19, 3589; doi:10.3390/s19163589 Aug (2019).

[5] Lin, X.; Lu, R.; Zhang, C.; Zhu, H.; Ho, P.; Shen, X. Segurança em redes Ad-hoc veiculares. IEEE Commun. Mag., 46, 88-95 (2008).

[6] Harry Gao, Seth Utecht, Gregory Patrick, George Hsieh, Fengyuan Xu, Haodong Wang, Qun Li "High Speed Data Routing in Vehicular Sensor Networks" "Journal of communications, vol. 5, no. 3, março (2010)

[7] Jaehoon Paul Jeong , Tae Tom Oh , Sangheon Pack Alexandre Petrescu " Protocols and applications in vehicular sensor networks for driving safety, driving efficiency, and data services" "International Journal of Distributed Sensor Networks, Vol. 13(2) (2017)

[8] Chuang, M.; Lee, J. TEAM: Trust-Extended Authentication Mechanism for Vehicular Ad Hoc Networks (Mecanismo de autenticação alargado à confiança para redes Ad Hoc veiculares). In Proceedings of the International Conference on Consumer Electronics, Communications and Networks, CECNet, XianNing, China , 1758-1761 (2011).

[9] Chim, T.W.; Yiu, S.M.; Hui, L.K.; Li, V.K. "Security and Privacy Issues for Inter-vehicle Communcations" Actas da 6.ª Conferência Anual da Sociedade de Comunicações IEEE sobre Sensor, Mesh and Ad Hoc Communications and Networks Workshops VANETs (2009).

[10] Vighnesh, N.V.; Kavita, N.; Shalini, R.U.; Sampalli, S. "A Novel Sender Authentication Scheme Based on Hash Chain for Vehicular Ad-Hoc Networks" In Proceedings of the IEEE Symposium on Wireless Technology and Applications, Langkawi, Malaysia, pp. 25-28 September (2011).
[11] Mohamed Nidhal Mejri, Jalel Ben Othman, Mohamed Hamdi, "Survey on VANET security challenges and possible cryptographic solutions, Vehicular Communications, Volume 1, Issue 2, Pages 5366, ISSN 22142096, April (2014)

[12] Gongjun Yan; Bista, B.B.; Rawat, D.B.; Shaner, E.F., "General Active Position Detectors Protect VANET Security, "Broadband and Wireless Computing, Communication and Applications (BWCCA), 2011 International Conference on, vol., no., pp.11,17, 2628. doi: 10.1109/BWCCA.2011.12 Oct. (2011)

[13] Chowdhury, P.; Tornatore, M.; Sarkar, S.; Mukherjee, B., Wagan, AA; Mughal, B.M.; Hasbullah, H., "VANET Security Framework for Trusted Grouping Using TPM Hardware", Communication Software and Networks, 2010. ICCSN '10. Second International Conference on, vol., no., pp.309, 312, 2628 doi: 10.1109/ICCSN.2010.115URL:http://ieeexplore.ieee.org/xpl/articleDetails.jsp?a rnumber=5437680 12/15/2014 Security in VANETs Feb. (2010)

[14] Azogu, I.K.; Ferreira, M.T.; Hong Liu, "A security metric for VANET content delivery," Global Communications Conference (GLOBECOM), IEEE, vol., no., pp.991,996, 37 Dec. 2012. doi: 10.1109/GLOCOM.2012.6503242 (2012)

[15] Taiming Feng; Lu Ruan, "Design of a Survivable Hybrid Wireless Optical Broadband Access Network Prabhakar, M.; Singh, J.N.; Mahadevan, G., "Defensive mechanism for VANET security in game theoretic approach using heuristic based ant colony optimization," Computer Communication and Informatics (ICCCI), 2013 International Conference on, vol., no., pp.1,7,46.do10.1109/ICCCI.2013.6466118 Jan. (2013)

[16] Jinyuan Sun; Chi Zhang; Yanchao Zhang; Yuguang Fang, "An Identity Based Security System for User Privacy in Vehicular Ad Hoc Networks," Parallel and Distributed Systems, IEEE Transactions on, vol.21, no.9, pp.1227,1239, doi: 10.1109/TPDS.2010.14 Sept. (2010)

[17] Azogu, I.K.; Ferreira, M.T.; Larcom, J.A.; Hong Liu, "A new antijamming strategy for VANET metrics directed security defense," Globecom Workshops (GC Wkshps), 2013 IEEE, vol., no., pp.1344,1349, 913 doi: 10.1109/GLOCOMW.2013.6825181 Dec. (2013).

[18] Muhammad Sameer Sheikh 1,2, Jun Liang 2,* e Wensong Wang "Uma pesquisa de serviços de segurança, ataques e aplicações para redes Ad Hoc veiculares (VANETs)" "Sensors 2019, 19, 3589; doi:10.3390/s19163589 Aug (2019).

[19] Chim, T.W.; Yiu, S.M.; Hui, L.K.; Li, V.K. "Security and Privacy Issues for Inter-vehicle Communcations" Proceedings of the 6th Annual IEEE Communications Society Conference on Sensor, Mesh and Ad Hoc Communications and Net-works Workshops VANETs (2009).

[20] Mohammad Jalil Piran, G. Rama Murthy, G. Praveen Babu "Adhoc and sensor networks; principles and challenges" International Journal of Ad hoc, Sensor & Ubiquitous Computing (IJASUC) Vol.2, No.2, June(2011)
[21] T.W. Chim, S.M. Yiu, Lucas C.K. Hui, "VSPN: VANETBased Secure and Privacy-Preserving Navigation" IEEE Transactions On Computers, Vol. 63, No. 2, fevereiro de 2014.
[22] M. Alimohammadi, and A. A. Pouyan, "Performance Analysis of Cryptography Methods for Secure Message Exchanging in VANET",

International Journal of Scientific & Engineering Research, Volume 5, Issue 2, February-2014

[23] Karamjeet Singh, Chakshu Goel , "Using MD5 AND RSA Algorithm Improve Security in MANETs Systems ", International Journal of Advances in Science and Technology (IJAST) Vol 2 Issue 2 (June 2014)

[24] T.Punitha1,M.Sindhu , "Pairing Based Elliptic Curve Cryptosystem for Message Authentication", International Journal For Trends In Engineering & Technology Volume 3 Issue 3 - March 2015 ,pages87-90.

[25] V.Vijayalakshmi, S.Saranya, M.Sathya, C.Selvaroopini, "A Novel Mechanism for Secure and Efficient VANET Communication", International Journal of Computer Trends and Technology (IJCTT) - volume 9 número 3- Mar 2014.

[26] Short-lived Key Management for Secure Communications in VANETs Stefano Busanelli, Gianluigi Ferrari, and Luca Veltri Wireless Ad hoc and Sensor Networks (WASN) Laboratory Department of Information Engineering, University of Parma, Italy, 2011.

[27] Um levantamento dos protocolos de autenticação RFID baseados no método HashChain Irfan Syamsuddina, Tharam Dillonb, Elizabeth Changc, e Song Hand aState Polytechnic of Ujung Pandang, Indonésia b,c,dDEBI Institute, Curtin University of Technology, Austrália , 2008

[28] A Distributed Key Management Framework with Cooperative Message Authentication in VANETs , Yong Hao, Student Member, IEEE, Yu Cheng, Senior Member, IEEE, Chi Zhou, Senior Member, IEEE, and Wei Song MARÇO 2011. Edward David Moreno, Leila C.M. Buarque, Florêncio Natan, Gustavo Quirino e Ricardo Salgueiro "

29] Impact of Asymmetric Encryption Algorithms in a VANET" [Impacto dos algoritmos de encriptação assimétrica numa VANET]. Saurabh Kumar Gaur, S.K.Tyagi e Pushpender Singh, ""VANET System for Vehicular Security Applications", International Journal of Soft Computing and Engineering (IJSCE), Vol. 2, No.6, 2013.

[30]http://cdn.intechopen.com/pdfs-m/12879.pdf

[31]https://www.tutorialspoint.com/cryptography/images/public_key_cryptography.jpg

Printed by Books on Demand GmbH, Norderstedt / Germany